# 小学校
# 家庭科
## 資質・能力を育む学習指導と評価の工夫

筒井恭子
［編著］

東洋館出版社

# まえがき

令和２年４月,「生きる力」をより一層育むことを目指す新しい学習指導要領が全面実施となりました。子供たちには，予測困難な社会の変化に主体的に関わり，自ら考え，よりよい社会と幸福な人生の創り手となる力を身に付けられるようにすることが求められています。

社会全体が，新型コロナウイルス感染症と共に生きていくという状況の中で，私たちは，改めて家族･家庭や，人が生きていくために欠かすことができない食べることや着ること，住まうことなどの重要性を再認識することとなりました。子供たちは，普段の生活の中で，今まで見えなかった課題を発見したり，当たり前の生活の大切さや少しの工夫で生活が豊かになることに気付いたりしたのではないかと感じています。

小学校家庭科の学習は，生活の自立の基礎を培うことに重点を置いていますが，衣食住などに関する知識と技能を習得することが最終の目標ではなく，それらを基に，自らの生活の課題を見付け，解決する方法を考えて実践できる力を育てることをねらいとしています。家庭科で育成を目指す「生活をよりよくしようと工夫する資質・能力」は，生涯にわたって健康で豊かな生活を送るための自立の基礎として今後ますます重要となります。

本書は，家庭科の学習を通して，「何ができるようになるのか」(育成を目指す資質・能力),「何を学ぶのか」(教科を学ぶ意義，中学校とのつながり等),「どのように学ぶのか」(学習指導の改善，指導計画の作成),「何が身に付いたのか」(学習評価の充実）について解説するとともに，全国各地で取り組まれている「主体的・対話的で深い学び」の実現に向けた効果的な実践事例を紹介したものです。

各学校においては，本書を生かし，学習の質を一層高める魅力あふれる家庭科の授業が展開されることを期待しています。本書が，家庭科の授業が大好き，家庭科っておもしろい，とても役に立つ，学んでよかったと子供たちが言ってくれるような授業を目指している先生方の手助けとなることを心から願っています。

令和２年８月

編著者　筒井　恭子

# 目次　小学校家庭科　資質・能力を育む学習指導と評価の工夫


まえがき ……1

Ⅰ　家庭科の学習を通して「何ができるようになるのか」「何を学ぶのか」

1　小学校家庭科において育成を目指す資質・能力 ……6
2　家庭科の内容構成のポイント ……8
3　小・中学校の内容の系統性 ……11

Ⅱ　家庭科を「どのように学ぶのか」

1　家庭科における学習過程と題材構成 ……18
2　「主体的・対話的で深い学び」の実現に向けた授業改善 ……20
3　家庭科の特質を踏まえたICTの活用 ……23
4　家庭や地域との連携 ……25
5　2学年間を見通した指導計画作成のポイント ……25

Ⅲ　家庭科の学習を通して「何が身に付いたのか」

1　家庭科における学習評価の改善のポイント ……36
2　学習評価の進め方 ……40
3　観点別学習状況の評価の進め方と評価方法の工夫 ……43

## Ⅳ 授業づくりモデルプラン 15


### A 家族・家庭生活

**1 はじめよう　家庭科**
**～よりよい家庭生活を目指して～** 第5学年 …… 48
A⑴ア　ガイダンス，自分の成長と自覚，家族との協力

**2 チャレンジしよう　家庭の仕事　プロジェクト 1**
**～自分にできる家庭の仕事を増やそう～** 第5学年 …… 54
A⑵アイ　家庭の仕事，生活時間

**3 一年生となかよくなろう** 第6学年 …… 60
A⑶ア㈠イ　地域の人々との協力，低学年の児童との交流

**4 家族と「ワンチーム大作戦」** 第6学年 …… 66
A⑷ア　家族との触れ合い，団らんの課題を設定，計画，実践，評価・改善

**5 おにぎりパーティーで地域の人に感謝の気持ちを伝えよう**
第5学年 …… 72
A⑷ア　地域の人々との関わりの課題を設定，計画，実践，評価・改善

### B 衣食住の生活

**6 ゆでておいしく食べよう　マイ温野菜サラダ** 第5学年 …… 78
B⑵ア㈦㈠㈡㈣イ
材料に適したゆで方，青菜やじゃがいも，調理計画・調理の仕方の工夫

**7 食べて元気　ご飯とみそ汁** 第5学年 …… 86
B⑴ア　⑵ア㈦㈡㈥イ
だしの役割，調理計画シミュレーション，みそ汁コンクール

**8 いためて作ろう　朝食のおかず**
**～家族の「おいしい」をプロデュース～** 第6学年 …… 94
B⑴アイ　⑵ア㈦㈠㈡㈣イ　⑶ア㈡イ
いためる調理，1 食分の献立作成，食事の仕方の工夫

9 栄養のバランスのよい休日ランチを作ろう 第5学年 …… 102
B(1)ア (2)ア(ア)(オ)イ (3)ア(ア)(イ)(ウ)イ
献立を構成する要素，栄養を考えた１食分の献立の工夫

10 工夫しよう　日常着の快適な手入れ 第6学年 …… 110
B(4)ア(イ)イ　C(2)アイ　日常着の快適な手入れの仕方，環境への配慮

11 ミシンで作ろう　わたしの「ナイスバッグ」 第6学年 …… 116
B(5)ア(ア)(イ)イ　C(2)アイ
袋などの製作，製作計画・製作の工夫，布の無駄のない使い方

12 夏をすずしく快適に過ごそう 第6学年 …… 124
B(4)ア(ア)イ (6)ア(ア)イ
衣服の主な働き，季節の変化に合わせた快適な着方や住まい方

13 じめじめ季節も大丈夫！　わが家のクリーン作戦
第6学年 …… 132
B(6)ア(ア)(イ)イ　C(2)アイ　清掃の仕方，環境への配慮

## C　消費生活・環境

14「ひな祭りパーティー」の買物をしよう 第5学年 …… 138
C(1)ア(ア)(イ)イ (2)ア
消費者の役割，身近な物の選び方・買い方，情報の収集・整理，環境に配慮した物の使い方

15 くふうしよう　環境にやさしく，おいしい食事
第6学年 …… 146
C(2)アイ　B(2)ア(ウ)(エ)イ (3)ア(ウ)
環境に配慮した物（資源や材料）の使い方の工夫

参考文献 …… 152

# I

# 家庭科の学習を通して「何ができるようになるのか」「何を学ぶのか」

# 1 小学校家庭科において育成を目指す資質・能力

今回の改訂では，小学校家庭科，中学校技術・家庭科家庭分野，高等学校家庭科を通じて育成を目指す資質･能力を⑴「知識及び技能」，⑵「思考力，判断力，表現力等」，⑶「学びに向かう力，人間性等」の三つの柱に沿って整理している。また，小・中・高等学校の内容の系統性を明確にし，各内容の接続が見えるように，小･中学校においては，「A 家族･家庭生活」「B 衣食住の生活」「C 消費生活･環境」の三つの内容としていることから，小･中学校五学年間で系統的に資質・能力を育成することが求められている。

家庭科で育成を目指す資質・能力（「何ができるようになるか」）は，教科の目標に，⑴「知識及び技能」，⑵「思考力，判断力，表現力等」，⑶「学びに向かう力，人間性等」の三つの柱に沿って示している。また，目標の柱書には，これらを「生活をよりよくしようと工夫する資質・能力」として示すとともに，⑴から⑶までに示す資質・能力の育成を目指すに当たり，質の高い学びを実現するために，「生活の営みに係る見方・考え方」，すなわち，家庭科の特質に応じた物事を捉える視点や考え方を働かせることについても示している。

## 1 知識及び技能

家庭科における「知識及び技能」は，教科の目標に次のように示している。

> ⑴ 家族や家庭，衣食住，消費や環境などについて，日常生活に必要な基礎的な理解を図るとともに，それらに係る技能を身に付けるようにする。

家庭科で習得する「知識及び技能」は，日常生活に必要な基礎的な理解を図るための知識とそれらに係る技能であり，家庭生活と家族についての理解，衣食住についての理解とそれらに係る技能，消費生活や環境に配慮した生活についての理解とそれらに係る技能等が挙げられる。家庭科で習得する知識は，個別の事実的な知識だけではなく，児童が学ぶ過程の中で，既存の知識や生活経験と結び付けられ，家庭科における学習内容の本質を深く理解するための概念として習得され，家庭や地域などにおける様々な場面で活用されるものである。技能についても同様に，一定の手順や段階を追って身に付く個別の技能だけではなく，それらが自分の経験や他の技能と関連付けられ，変化する状況や課題に応じて主体的に活用できる技能として習熟・定着することが求められる。

今回の改訂では，小･中学校の内容の系統性をより重視しており，例えば，小学校の「A 家族・家庭生活」における地域の人々（幼児又は低学年の児童や高齢者など異なる世代の人々）との関わりについての理解が，中学校における幼児や高齢者との関わり方についての理解につながるよう指導する必要がある。

## 2　思考力，判断力，表現力等

家庭科における「思考力，判断力，表現力等」は，教科目標に次のように示している。

> (2)　日常生活の中から問題を見いだして課題を設定し，様々な解決方法を考え，実践を評価・改善し，考えたことを表現するなど，課題を解決する力を養う。

この目標は，次のような学習過程を通して，習得した「知識及び技能」を活用し，「思考力，判断力，表現力等」を育成することにより，課題を解決する力を養うことを明確にしたものである。

小学校家庭科においては，日常生活の中から，家族・家庭生活や衣食住の生活，消費生活・環境について問題を見いだし，課題をもって考え，解決する力を養うことである。課題を解決する力として，①日常生活の中から問題を見いだし，解決すべき課題を設定する力，②計画を立てる際，生活課題について自分の生活経験と関連付け，様々な解決方法を考える力，③課題の解決に向けて実践した結果を評価・改善する力，④計画や実践について自分の考えを根拠や理由を明確にして表現する力などが挙げられる。

**家庭科，技術・家庭科（家庭分野）の学習過程の参考例**

| 生活の課題発見 | 解決方法の検討と計画 | | 課題解決に向けた実践活動 | 実践活動の評価・改善 | | 家庭・地域での実践 |
|---|---|---|---|---|---|---|
| 既習の知識・技能や生活経験を基に生活を見つめ、生活の中から問題を見出し、解決すべき課題を設定する | 生活に関わる知識・技能を習得し、解決方法を検討する | 解決の見通しをもち、計画を立てる | 生活に関わる知識・技能を活用して、調理・製作等の実習や、調査、交流活動などを行う | 実践した結果を評価する | 結果を発表し、改善策を検討する | 改善策を家庭・地域で実践する |

※上記に示す各学習過程は例示であり，上例に限定されるものではないこと

## 3　学びに向かう力，人間性等

家庭科における「学びに向かう力，人間性等」は，教科目標に次のように示している。

> (3)　家庭生活を大切にする心情を育み，家族や地域の人々との関わりを考え，家族の一員として，生活をよりよくしようと工夫する実践的な態度を養う。

この目標は，(1)及び(2)で身に付けた資質・能力を活用し，家族生活を大切にする心情を育むとともに，家族や地域の人々と関わり，家庭生活をよりよくしようと工夫する実践的な態度を養うことを明確にしたものである。生活をよりよくしようと工夫する実践的な態度とは，日常生活の様々な問題を解決するために一連の学習過程を通して身に付けた力を，家庭生活をよりよくするために生かして実践しようとする態度について示したものである。このような実践的な態度は，家庭科で身に付けた力を家庭，地域から最終的に社会へとつなげ，社会を生き抜く力としていくために必要である。

なお，「見方・考え方」と資質・能力は相互に支え合う関係であり，(1)，(2)，(3)のいずれにおいても「生活の営みに係る見方・考え方」を働かせ，協力，健康・快適・安全，生活文化の大切さへの気付き，持続可能な社会の構築等の視点で日常生活の問題を捉え，資質・能力の育成を図ることが大切である。

# 2 家庭科の内容構成のポイント

今回の改訂における内容構成は，小・中・高等学校の系統性の明確化，空間軸と時間軸の視点からの学習対象の明確化，学習過程を踏まえた育成する資質・能力の明確化の三つの考え方に基づいたものである。1で述べた資質･能力を育成するために「何を学ぶのか」内容構成のポイントは，次に示す通りである。

①小・中学校ともに「A 家族・家庭生活」「B 衣食住の生活」「C 消費生活・環境」の三つの内容とし，各内容及び各項目の指導が系統的に行えるようにしている。

②空間軸と時間軸の視点から学習対象を捉え，学校段階を踏まえて指導内容を整理している。小学校の空間軸の視点は主に自己と家庭，時間軸の視点は現在及びこれまでの生活である。

③各内容の各項目は，「知識及び技能」の習得に係る指導事項アと，アで習得した「知識及び技能」を活用して「思考力・判断力・表現力等」を育成することに係る指導事項イで構成し，学習過程を踏まえ，関連を図って取り扱うこととしている。

④生活の科学的な理解を深め，生活の自立の基礎を培う基礎的・基本的な知識及び技能の確実な習得を図るために，調理や製作における一部の題材を指定している。

⑤学習した知識及び技能を実生活で活用し，課題を解決する力と生活をよりよくしようと工夫する実践的な態度を養うために，家庭や地域と連携を図った A (4)「家族・家庭生活についての課題と実践」を新設している。

⑥食生活，衣生活，住生活及び消費生活の内容のはじめに，働きや役割に関する内容を位置付け，「A 家族・家庭生活」の(1)「自分の成長と家族・家庭生活」のアで触れた「生活の営みに係る見方・考え方」における協力，健康・快適・安全及び持続可能な社会の構築等の視点と関連させて扱うこととしている。

⑦社会の変化に対応し，各内容を見直している。

・「A 家族･家庭生活」においては，少子高齢社会の進展に対応し，家族や地域の人々とよりよく関わる力を育成するために，幼児又は低学年の児童，高齢者など異なる世代の人々との関わりに関する内容を新設している。

・「B 衣食住の生活」においては，生活や学習の基盤となる食育を一層推進するために，食生活に関する内容を中学校との系統性を図り，基礎的・基本的な知識及び技能を確実に習得できるようにしている。また，グローバル化に対応し，日本の生活文化の大切さに気付くことができるようにするために，和食の基本となるだしの役割や季節に合わせた着方や住まい方など，日本の伝統的な生活について扱うこととしている。

・「C 消費生活・環境」においては，持続可能な社会の構築などに対応し，自立した消費者を育成するために，中学校との系統性を図り，「買物の仕組みや消費者の役割」に関する内容を新設している。

⑦のＡからＣの各内容では「何を学ぶのか」，ここでは，新設の内容や取扱いを改めている内容を取り上げ，さらに詳しく解説する。

## 1 「A 家族・家庭生活」

内容「A 家族・家庭生活」の⑴「自分の成長と家族・家庭生活」については，第４学年までの学習を踏まえ，第５学年の最初に２学年間の学習の見通しをもたせるガイダンスとして扱うこととしている。さらに，内容の取扱いには，「Ａから C までの各内容の学習と関連を図り，家族や地域の人々との協力，健康・快適・安全，持続可能な社会の構築等の視点から，日常生活における様々な問題について考え工夫することの大切さに気付かせること」が示され，「生活の営みに係る見方・考え方」ついて触れることに留意する。

今回の改訂では，各内容に「働き」や「役割」に関する学習内容を位置付けており，それぞれの内容の導入で，A⑴において扱った生活の営みの大切さを思い起こし，学習内容における「生活の営みに係る見方・考え方」の主な視点を意識させることとしている。

⑶「家族や地域の人々との関わり」については，幼児又は低学年の児童や高齢者など異なる世代の人々との関わりについても扱い，児童が地域の人々とのつながりや信頼を深め，地域への親しみや愛着がもてるようにしている。

⑷「家族・家庭生活についての課題と実践」については，Ａの⑵「家庭生活と仕事」又は⑶「家族や地域の人々との関わり」の学習を基礎とし，「B 衣食住の生活」や「C 消費生活・環境」で学習した内容と関連を図り，日常生活の中から問題を見いだして課題を設定し，様々な解決方法を考え，計画を立てて実践した結果を評価・改善し，考えたことを表現するなどの学習を通して，課題を解決する力と生活をよりよくしようと工夫する実践的な態度を養うことをねらいとしている。例えば，Ａの⑵「家庭生活と仕事」とＢの⑸「生活を豊かにするための布を用いた製作」を関連させて，家族が互いに協力し合って家庭生活を送ることを課題として設定し，家族が家庭の仕事をする際に役立つ物を，布を用いて製作する計画を立てて実践し，評価・改善するなどの活動が考えられる。この内容は，実践的な活動を家庭や地域などで行うことができるよう配慮し，２学年間で一つ又は二つの課題を設定して履修することとしている。

## 2 「B 衣食住の生活」

内容「B 衣食住の生活」の**食生活**については，小・中学校の内容の系統性を図り，小・中学校ともに食事の役割，栄養・献立，調理の三つの内容としている。小学校において，⑵「調理の基礎」，⑶「栄養を考えた食事」としているのは，調理を通して食品を扱った後に，料理や食品をどのように組み合わせて食べるのかを学習することにより，栄養・献立の基礎を確実に習得できるようにすることを意図したものである。

⑴「食事の役割」の学習では，「A 家族・家庭生活」の⑴のアで触れた健康の視点と関連させて，食生活の大切さに気付かせるようにしている。⑵「調理の基礎」については，基礎的・基本的な知識及び技能の確実な習得を図るために，アの㈣ゆで方においては，青菜やじゃがいもなど，一部の題材を指定している。また，アの㈭米飯及びみそ汁の調理においては，和食の基本となるだしの役割に触れるなど日本の伝統的な食文化のよさや大切さにも気付くことができるようにしている。⑶「栄養を考えた食事」のアの㈹では，献立を構成する要素として，主食，主菜，副菜について扱うこととしている。

**衣生活**については，小・中学校の内容の系統性を図り，これまでの「生活に役立つ物の製作」を中学校と同様の⑸「生活を豊かにするための布を用いた製作」としている。小学校においては，生活の中にある布を用いた物に関心をもち，布の特徴を生かして生活を豊かにするための物を考えて製作できるようにするとともに，生活を楽しもうとする態度の育成につなげることを意図したものである。その際，製作における基礎的・基本的な知識及び技能を確実に習得するために，袋など一部の題材を指定している。

また，⑷「衣服の着用と手入れ」のアの㈠「衣服の働き」の学習では，「A 家族・家庭生活」の⑴のアで触れた健康・快適・安全などの視点と関連させて，衣服の着用，手入れの大切さに気付かせるようにしている。さらに，季節に合わせた着方などにおいて，衣生活文化のよさや大切さに気付くことができるようにしている。

**住生活**については，「住まいの働き」に関する内容を新設し，「A 家族・家庭生活」の⑴のアで触れた健康・快適・安全などの視点と関連させて，住生活の大切さに気付かせるようにしている。小・中学校の内容の系統性を図り，中学校で扱う「住居の基本的な機能」の一部を「住まいの主な働き」として扱うこととしている。また，小学校と中学校の内容を整理し，「音」については，季節の変化に合わせた住まい方において取り上げることとしている。さらに，季節の変化に合わせた住まい方については，日常着の快適な着方と関連を図るとともに，住生活文化のよさや大切さにも気付くことができるようにしている。

## 3 「C 消費生活・環境」

内容「C 消費生活・環境」については，小・中学校の内容の系統性を図り，自立した消費者を育成するために，消費者教育に関する内容の一層の充実を図っている。小学校では，

「買物の仕組みや消費者の役割」を新設し，中学校における「売買契約の仕組み」や「消費者の基本的な権利と責任」「消費者被害への対応」の基礎となる学習ができるようにしている。また，(1)「物や金銭の使い方と買物」のアの(ア)「消費者の役割」の学習では，「A 家族・家庭生活」の(1)のアで触れた持続可能な社会の構築の視点と関連させて，消費生活や環境に配慮した生活の大切さに気付くことができるようにしている。従前と同様，消費生活と環境に関する学習の関連を図ることにより，限りある物や金銭が大切であることや，自分の生活が身近な環境に与える影響に気付き，持続可能な社会の構築に向けて，主体的に生活を工夫できる消費者としての素地を育てることを意図したものである。

〈筒井 恭子〉

# 3 小・中学校の内容の系統性

## 1 「A 家族・家庭生活」

内容「A 家族・家庭生活」は，表 1 に示す通り，小・中学校ともに四つの項目で構成しており，家族や地域の人々との協力・協働（小学校では「協力」）などの視点から小・中学校の学びを深めることができるようにしている。ここでは，「自分の成長と家族・家庭生活」「家族・家庭の機能」「家族関係」「家庭生活と地域」「異なる世代の人々との関わり」における小・中学校の系統性について解説する。

「**自分の成長と家族・家庭生活**」については，小学校では，自分の成長を自覚することを通して，家庭生活が家族との協力によって営まれていること，中学校では，家族や地域の人々との協力・協働して家庭生活を営む必要があることに気付くことができるようにしている。

「**家族・家庭の機能**」については，小学校では，家庭生活を支える仕事と互いに協力し

表 1　小・中学校の「A 家族・家庭生活」の内容構成

| 小学校 | 中学校 |
|---|---|
| (1)　自分の成長と家族・家庭生活 | (1)　自分の成長と家族・家庭生活 |
| ア　自分の成長の自覚，家庭生活と家族の大切さ，**家族との協力** → | ア　自分の成長と家庭生活との関わり，家族・家庭の基本的な機能，**家族や地域の人々との協力・協働** |
| (2)　家庭生活と仕事 | (2)　幼児の生活と家族 |
| ア　家庭の仕事と生活時間 | ア(ア)　幼児の発達と生活の特徴，家族の役割 |
| イ　家庭の仕事の計画と工夫 | (イ)　幼児の遊びの意義，**幼児との関わり方** |
| (3)　家族や地域の人々との関わり | イ　幼児との関わりの工夫 |
| ア(ア)　家族との触れ合いや団らん | (3)　家族・家庭や地域との関わり |
| (イ)　**地域の人々との関わり** →（中学校(2)ア(イ)，(3)ア(イ)へ） | ア(ア)　家族の協力と家族関係 |
| イ　家族や地域の人々との関わりの工夫 | (イ)　家庭生活と地域との関わり，**高齢者との関わり方** |
| | イ　家庭生活をよりよくする方法及び地域の人々と協働する方法の工夫 |
| (4)　家族・家庭生活についての課題と実践 | (4)　家族・家庭生活についての課題と実践（枠囲み） |
| ア　日常生活についての課題と計画，実践，評価 | ア　家族，幼児の生活又は地域の生活についての課題と計画，実践，評価 |

※枠囲みは選択項目　3 学年間で 1 以上を選択

分担する必要があることについて扱い，中学校における家族・家庭の基本的な機能の学習につなげるようにする。「**家族関係**」については，小学校では，家族との触れ合いや団らんの大切さについて扱い，中学校における家族関係の学習につなげるようにする。

「**家庭生活と地域**」については，小学校では，地域の人々との関わりや協力の大切さについて扱い，中学校における家庭生活と地域との関わり，地域の人々との協働の学習につなげるようにする。「**異なる世代の人々との関わり**」については，小学校では，幼児または低学年の児童及び高齢者など異なる世代の人々とのよりよい関わりについて扱い，中学校における幼児や高齢者との関わり方の学習につなげるようにする。

## 2 「B 衣食住の生活」の食生活

内容「B 衣食住の生活」の食生活は，表２に示す通り，小・中学校ともに三つの項目で構成しており，健康・安全などの視点から小・中学校の学びを深めることができるようにしている。ここでは，「食事の役割」「栄養・献立」「調理」における小・中学校の系統性について解説する。

「**食事の役割**」については，小学校では，健康の保持増進や成長などの食事の役割と，人と共に楽しく食べるためのマナーや食卓の工夫などの食事の仕方について扱い，中学校における生活の中で食事が果たす役割，食事を共にする意義や食文化の継承の学習につなげるようにする。

「**栄養**」については，小学校では，体に必要な栄養素の種類（五大栄養素）と主な働き，食品に含まれる栄養素の特徴による三つのグループの分類，食品の栄養的な特徴と組み合わせについて扱い，中学校における中学生に必要な栄養の特徴，栄養素の種類と働きと食

表２　小・中学校の「B 衣食住の生活」食生活の内容構成

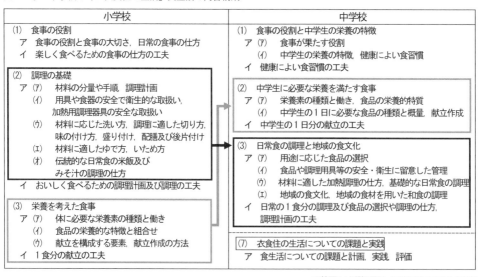

| 小学校 | 中学校 |
| --- | --- |
| (1)　食事の役割<br>ア　食事の役割と食事の大切さ，日常の食事の仕方<br>イ　楽しく食べるための食事の仕方の工夫 | (1)　食事の役割と中学生の栄養の特徴<br>ア (ア)　食事が果たす役割<br>(イ)　中学生の栄養の特徴，健康によい食習慣<br>イ　健康によい食習慣の工夫 |
| (2)　調理の基礎<br>ア (ア)　材料の分量や手順，調理計画<br>(イ)　用具や食器の安全で衛生的な取扱い，加熱用調理器具の安全な取扱い<br>(ウ)　材料に応じた洗い方，調理に適した切り方，味の付け方，盛り付け，配膳及び後片付け<br>(エ)　材料に適したゆで方，いため方<br>(オ)　伝統的な日常食の米飯及びみそ汁の調理の仕方<br>イ　おいしく食べるための調理計画及び調理の工夫 | (2)　中学生に必要な栄養を満たす食事<br>ア (ア)　栄養素の種類と働き，食品の栄養的特質<br>(イ)　中学生の１日に必要な食品の種類と概量，献立作成<br>イ　中学生の１日分の献立の工夫<br>(3)　日常食の調理と地域の食文化<br>ア (ア)　用途に応じた食品の選択<br>(イ)　食品や調理用具等の安全・衛生に留意した管理<br>(ウ)　材料に適した加熱調理の仕方，基礎的な日常食の調理<br>(エ)　地域の食文化，地域の食材を用いた和食の調理<br>イ　日常の１食分の調理及び食品の選択や調理の仕方，調理計画の工夫 |
| (3)　栄養を考えた食事<br>ア (ア)　体に必要な栄養素の種類と働き<br>(イ)　食品の栄養的な特徴と組合せ<br>(ウ)　献立を構成する要素，献立作成の方法<br>イ　１食分の献立の工夫 | (7)　衣食住の生活についての課題と実践<br>ア　食生活についての課題と計画，実践，評価 |

※枠囲みは選択項目　３学年間で１以上を選択

品の栄養的な特質（食品群）の学習につなげるようにする。

「**献立**」については，小学校では，献立を構成する要素（主食，主菜，副菜），1 食分の献立作成の方法について扱い，中学校における中学生に必要な栄養を満たす 1 日分の献立作成の方法の学習につなげるようにする。

「**調理**」については，小学校では，調理の基礎として，材料の分量や調理の手順，調理計画，材料の洗い方や切り方，加熱の仕方，味の付け方，盛り付け，配膳や後片付けなどについて扱い，中学校では，安全と衛生に留意した食品や調理実習等の適切な管理についても扱うこととしている。また，調理計画については，小学校では，一人で調理する場合についても扱い，中学校では，1 食分を一人で調理する場合についても考えることができるよう配慮する。加熱調理の仕方については，小学校では，ゆでる（青菜やじゃがいもなど），いためる調理，中学校では，ゆでる，いためる調理に加え，煮る，焼く，蒸す等について扱うこととしている。

また，小学校では，「米飯及びみそ汁の調理」において，我が国の伝統的な日常食である米飯とみそ汁の調理や和食の基本となるだしの役割の学習を通して，日本の伝統的な食文化の大切さに気付くことができるようにしている。中学校では，「地域の食材を用いた和食の調理」において，だしと地域又は季節の食材を用いた煮物又は汁物，地域の伝統的な行事食や郷土料理の学習を通して，だしや地域の食文化への理解を深めることができるようにしている。

## 3 「B 衣食住の生活」の衣生活

内容「B 衣食住の生活」の衣生活は，表 3 に示す通り，小・中学校ともに二つの項目で構成しており，健康・快適・安全などの視点から小・中学校の学びを深めることができるようにしている。ここでは，「衣服の機能」「着用」「選択・活用」「手入れ」「製作」における小・中学校の系統性について解説する。

「**衣服の機能**」については，小学校では，衣服の保健衛生上の働きと生活活動上の働き

表 3　小・中学校の「B 衣食住の生活」衣生活の内容構成

| 小学校 | 中学校 |
|---|---|
| (4)　衣服の着用と手入れ<br>ア (ア)　衣服の主な働き，日常着の快適な着方<br>(イ)　日常着の手入れ，ボタン付け及び洗濯の仕方<br>イ　日常着の快適な着方や手入れの工夫 | (4)　衣服の選択と手入れ<br>ア (ア)　衣服と社会生活との関わり，目的に応じた着用や個性を生かす着用，衣服の選択<br>(イ)　衣服の計画的な活用，衣服の材料や状態に応じた日常着の手入れ<br>イ　日常着の選択や手入れの工夫 |
| (5)　生活を豊かにするための布を用いた製作<br>ア (ア)　**製作に必要な材料や手順**，製作計画 → <br>(イ)　手縫いやミシン縫いによる縫い方，用具の安全な取扱い<br>イ　生活を豊かにするための布を用いた物の製作計画及び製作の工夫 | (5)　生活を豊かにするための布を用いた製作<br>ア　**製作する物に適した材料**や縫い方，用具の安全な取扱い<br>イ　生活を豊かにするための資源や環境に配慮した布を用いた物の製作計画及び製作の工夫<br>(7)　衣食住の生活についての課題と実践<br>ア　衣生活についての課題と計画，実践，評価 |

※枠囲みは選択項目　3 学年間で 1 以上を選択

について扱い，中学校における社会生活上の機能の学習につなげるようにする。「**着用**」については，小学校では，季節や状況に応じた快適な着方について扱い，中学校における目的に応じた着用，個性を生かす着用の学習につなげるようにする。また，中学校では，衣服と社会生活との関わりの学習において，日本の伝統的な衣服である和服についても扱うこととしている。「**選択・活用**」については，小学校では，季節や状況に応じた日常着の選び方について扱い，中学校における既製服の適切な選択，資源や環境に配慮した衣服の計画的な活用の学習につなげるようにする。

「**手入れ**」については，小学校では，日常着の手入れ，手洗いを中心とした洗濯の仕方を扱い，中学校では，電気洗濯機を用いた洗濯の仕方を扱うこととしている。また，補修については，小学校では，ボタンの付け方を扱い，中学校では，まつり縫い，ミシンによるほころび直し，スナップ付けなどを扱うこととしている。

「**製作**」については，小学校では，基礎的・基本的な知識及び技能を確実に習得するために，日常生活で使用する袋など一部の題材を指定している。製作に必要な材料や手順，製作計画（製作する物の目的に応じた形や大きさ，縫いしろ，ゆとりなど），手縫いやミシン縫いによる縫い方，用具の安全な取扱いについて扱い，中学校では，衣服等の再利用の方法を扱うこととしている。また，小・中学校ともに，製作や製作品を活用することを通して，作る喜びや達成感を味わい，生活を豊かにするとともに，資源や環境を大切にしようとする態度の育成につなげるようにする。

## 4 「B 衣食住の生活」の住生活

内容「B 衣食住の生活」の住生活は，表４に示す通り，小・中学校ともに一つの項目で構成しており，健康・快適・安全などの視点から小・中学校の学びを深めることができるようにしている。ここでは，「住居の機能」「住居の計画」「住居の環境」「住居の管理」における小・中学校の系統性について解説する。

「**住居の機能**」については，小学校では，これまで中学校で扱っていた雨や風，暑さ・寒さなどの過酷な自然から人々の生活を守る生活の器としての働きについて扱い，中学校では，主として心身の安らぎと健康を維持する働き，子どもが育つ基盤としての働きについて扱うこととしている。

**表４　小・中学校の「B 衣食住の生活」住生活の内容構成**

| 小学校 | 中学校 |
|---|---|
| ⑹　快適な住まい方の工夫<br>ア ㋐　住まいの主な働き，<br>季節の変化に合わせた生活の大切さや住まい方<br>㋑　**住まいの整理・整頓や清掃の仕方** →<br>イ　季節の変化に合わせた住まい方，整理・整頓や清掃の仕方の工夫 | ⑹　住居の機能と安全な住まい方<br>ア ㋐　家族の生活と住空間との関わり，住居の基本的な機能<br>→ ㋑　**家族の安全を考えた住空間の整え方の工夫**<br>イ　家族の安全を考えた住空間の整え方の工夫<br>⑺　衣食住の生活についての課題と実践<br>ア　住生活についての課題と計画，実践，評価 |

※枠囲みは選択項目　３学年間で１以上を選択

「**住居の計画**」については，小学校での身の回りの整理・整頓の仕方の学習を踏まえ，中学校では，家族の生活行為と住空間の使い方の大切さについて扱うことしている。

「**住居の環境**」については，小学校では，暑さ・寒さへの対処の仕方と通風・換気との関わり，適切な採光及び音について扱うこととしている。これまで中学校で扱っていた音については，快適な音や騒音となる生活音，生活を豊かにする季節の音などについて扱うこととしている。また，通風や換気では，結露やカビ・ダニ等の発生の防止についても扱い，中学校における室内の空気環境（一酸化炭素や化学物質など）の学習につなげるようにする。

「**住居の管理**」については，小学校では，身の回りの整理・整頓と住まいの清掃の仕方，汚れの種類や汚れ方に応じた清掃の仕方を扱い，中学校における幼児や高齢者に多い家庭内の事故の防ぎ方や自然災害に備えるための住空間の整え方の学習につなげるようにする。

## 5 「C 消費生活・環境」

内容「C 消費生活・環境」は，表５に示す通り，小学校は二つ，中学校は三つの項目で構成しており，持続可能な社会の構築などの視点から小・中学校の学びを深めることができるようにしている。ここでは，「金銭管理」「物資・サービスの選択と購入」「売買契約と消費者被害」「消費者の権利と責任」「環境に配慮したライフスタイル」における小・中学校の系統性について解説する。

「**金銭管理**」については，小学校では，生活を支える物や金銭の大切さ，物や金銭の計画的な使い方，身近な物の選び方について扱い，中学校における生活に必要な物資・サービス，収支のバランスを図るための優先順位を考慮した調整などの学習につなげるようにする。

「**物資・サービスの選択と購入**」については，小学校では，身近な物の選び方，現金による店頭での買物，目的に合った品質によい物を選んで購入するために必要な情報の収集・整理について扱い，中学校では，インターネットを介した通信販売等の無店舗販売，購入

表５　小・中学校の「C 消費生活・環境」の内容構成

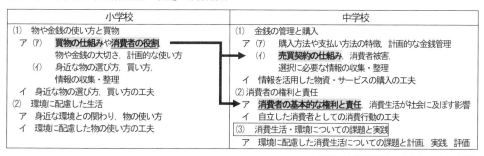

| 小学校 | 中学校 |
|---|---|
| (1)　物や金銭の使い方と買物<br>ア (ア)　**買物の仕組み**や**消費者の役割**，物や金銭の大切さ，計画的な使い方<br>(イ)　身近な物の選び方，買い方，情報の収集・整理<br>イ　身近な物の選び方，買い方の工夫<br>(2)　環境に配慮した生活<br>ア　身近な環境との関わり，物の使い方<br>イ　環境に配慮した物の使い方の工夫 | (1)　金銭の管理と購入<br>ア (ア)　購入方法や支払い方法の特徴，計画的な金銭管理<br>(イ)　**売買契約の仕組み**，消費者被害，選択に必要な情報の収集・整理<br>イ　情報を活用した物資・サービスの購入の工夫<br>(2) 消費者の権利と責任<br>ア　**消費者の基本的な権利と責任**，消費生活が社会に及ぼす影響<br>イ　自立した消費者としての消費行動の工夫<br>(3)　消費生活・環境についての課題と実践<br>ア　環境に配慮した消費生活についての課題と計画，実践，評価 |

※枠囲みは選択項目　３学年間で１以上を選択

方法や支払い方法の特徴について扱うこととしている。

「**売買契約と消費者被害**」については，小学校では，売買契約の基礎として買物の仕組みについて扱い，中学校における売買契約の仕組み（三者間契約など），消費者被害の学習につなげるようにする。

「**消費者の権利と責任**」については，小学校では，身近な物の購入について取り上げながら消費者の役割について扱い，中学校における身近な消費者被害と消費者の基本的な権利と責任の学習につなげるようにする。

「**環境に配慮したライフスタイル**」については，小学校では，自分の生活と身近な環境との関わり，環境に配慮した物の使い方（長く大切に使う，無駄なく使う，再利用するなど）について扱い，中学校における消費生活が環境や社会に及ぼす影響，限りある資源の有効な活用の学習につなげるようにする。

〈永田 晴子〉

# II

# 家庭科を「どのように学ぶのか」

# 1 家庭科における学習過程と題材構成

## 1 家庭科における学習過程

Ⅰ章において述べた三つの柱に沿った資質・能力の育成を目指し，家庭科を「どのように学ぶのか」，資質・能力を育成する学びの過程について述べる。

平成 28 年 12 月中教審答申では，「家庭科で育成することを目指す資質・能力は，『生活の営みに係る見方・考え方』を働かせつつ，生活の中の様々な問題の中から課題を設定し，その解決を目指して解決方法を検討し，計画を立てて実践するとともに，その結果を評価・改善するという活動の中で育成できる」とし，その学習過程を以下のような 4 段階で示している。

**家庭科，技術・家庭科（家庭分野）の学習過程のイメージ**

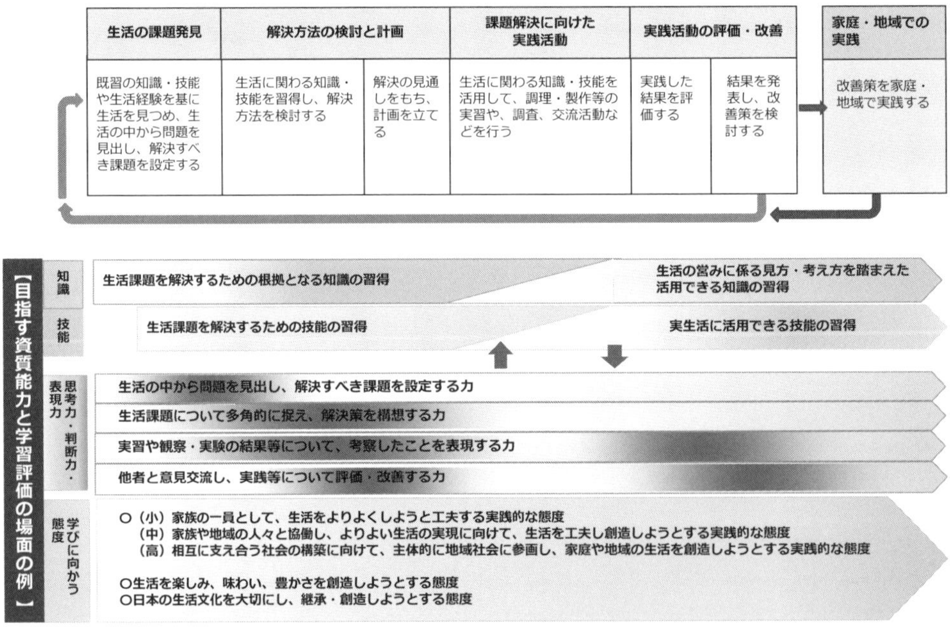
生活の課題発見
解決方法の検討と計画
課題解決に向けた実践活動
実践活動の評価・改善
家庭・地域での実践
既習の知識・技能や生活経験を基に生活を見つめ、生活の中から問題を見出し、解決すべき課題を設定する
生活に関わる知識・技能を習得し、解決方法を検討する
解決の見通しをもち、計画を立てる
生活に関わる知識・技能を活用して、調理・製作等の実習や、調査、交流活動などを行う
実践した結果を評価する
結果を発表し、改善策を検討する
改善策を家庭・地域で実践する
【目指す資質能力と学習評価の場面の例】
知識
生活課題を解決するための根拠となる知識の習得
生活の営みに係る見方・考え方を踏まえた活用できる知識の習得
技能
生活課題を解決するための技能の習得
実生活に活用できる技能の習得
思考力・判断力・表現力
生活の中から問題を見出し、解決すべき課題を設定する力
生活課題について多角的に捉え、解決策を構想する力
実習や観察・実験の結果等について、考察したことを表現する力
他者と意見交流し、実践等について評価・改善する力
学びに向かう態度
○（小）家族の一員として、生活をよりよくしようと工夫する実践的な態度
（中）家族や地域の人々と協働し、よりよい生活の実現に向けて、生活を工夫し創造しようとする実践的な態度
（高）相互に支え合う社会の構築に向けて、主体的に地域社会に参画し、家庭や地域の生活を創造しようとする実践的な態度
○生活を楽しみ、味わい、豊かさを創造しようとする態度
○日本の生活文化を大切にし、継承・創造しようとする態度
※上記に示す各学習過程は例示であり，上例に限定されるものではないこと

図の上半分は，家庭科の学習過程について示している。図の下半分は，4 段階で構成される一連の問題解決的な学習過程に，家庭科で育成を目指す資質・能力の三つの柱を位置付け，該当する資質・能力の学習評価の場面であることを示したものである。

### (1) 生活の課題発見

この段階では，既習の知識及び技能や生活経験を基に生活を見つめることを通して，日常生活の中から問題を見いだし，解決すべき課題を設定する力を育成する。その際，自分の生活の実態に基づいて問題を認識し，解決すべき課題について考え，課題を明確化することが求められる。

**(2)　解決方法の検討と計画**

この段階では，生活に関わる知識及び技能を習得し，解決方法を検討し，解決の見通しをもって計画を立てる際，生活課題について自分の生活経験と関連付け，様々な解決方法を考える力を育成する。その際，他者の思いや考えを聞いたり，自分の考えを分かりやすく伝えたりして計画について評価・改善し，よりよい方法を判断・決定できるようにすることが求められる。

**(3)　課題解決に向けた実践活動**

この段階では，学習した知識・技能を活用し，調理・製作等の実習や，調査，交流活動等を通して，課題の解決に向けて実践する力を育成する。その際，知識・技能を活用することにより，その一層の定着を図ることが求められる。

**(4)　実践活動の評価・改善**

この段階では，実践した結果等を振り返り，考えたことを発表し合い，他者からの意見を踏まえて改善方法を考えるなど，実践活動を評価・改善する力を育成する。その際，自分の考えを根拠や理由を明確にして分かりやすく説明したり，発表したりできるようにすることが求められる。

このように家庭科においては，課題解決のために知識及び技能を習得し，それらを活用して実践し，その結果を評価・改善するという問題解決的な学習を展開する中で，児童が課題を解決できた達成感や実践する喜びを味わい，次の学習に主体的に取り組むことができるようにすることが大切である。また，２学年間を見通して，このような学習過程を工夫した題材を計画的に配列し，課題を解決する力を養うことが求められている。なお，この学習過程は，児童の状況や題材構成等に応じて異なることに留意する必要がある。

## 2　家庭科における題材構成

題材構成と学習過程との関連については，内容「A 家族･家庭生活」から「C 消費生活･環境」までの各項目における指導事項のアで身に付けた「知識及び技能」を指導事項イにおいて活用し，「思考力・判断力・表現力等」を育み，家庭や地域での実践につなげることができるよう題材を構成し，効果的な指導を工夫することが大切である。例えば，調理や製作などでは，基礎的・基本的な知識及び技能の十分な定着を図るために，基礎的な教材で習得した知識及び技能を応用的な教材で活用するなど，教材を工夫して題材を構成することも必要である。また，家庭や地域での実践も一連の学習過程として位置付けることが考えられる。新設の「A 家族･家庭生活」の(4)「家族･家庭生活についての課題と実践」では，家庭や地域での実践により実生活で活用する力を育成することができる。

家庭科では，これまでも問題解決的な学習を重視してきたが，資質・能力の三つの柱をバランスよく実現することに留意し，学習過程を生かして題材全体をデザインすることが大切である。

## 2 「主体的・対話的で深い学び」の実現に向けた授業改善

ここでは，Ⅰ章で述べた資質・能力を育成するために，前述の家庭科の学習過程において「どのように学ぶのか」,「主体的な学び」「対話的な学び」「深い学び」の視点から,「見方・考え方」を働かせて資質・能力を育成する授業づくりについて述べる。

「**主体的な学び**」の視点については，題材を通して見通しをもち，日常生活の課題の発見や解決に取り組んだり，基礎的·基本的な知識及び技能の習得に粘り強く取り組んだり，実践を振り返って新たな課題を見付けたりすることがポイントとなる。

題材を通して見通しをもたせる場面では，何のために学習するのか，その目的を明確にすることによって，児童が学ぶ意義を自覚できるようにすることが大切である。そのためには，毎日同じように繰り返される日常生活の営みへの興味・関心を喚起し，日常生活の中から問題を見いだして課題を設定し，その解決に取り組むことができるようにしたい。例えば,「おいしいご飯とみそ汁はどのようにして作るのだろう？」という題材を通した課題をもち，追究する児童の意識の流れに沿って学習が展開するよう学習過程を工夫することが大切である。また，生活経験の少ない児童が,「なぜ，そのようにするのだろう？」と疑問をもち，試行錯誤する活動を通して基礎的・基本的な知識及び技能の習得に粘り強く取り組むことができるようにする。

題材を振り返る場面では，実践を評価し，改善策を考えたり，新たな課題を見付け，次の学びにつなげたりするなど，児童が生活の課題を解決しようと学び続けることができるようにすることが重要である。そのためには，学習した内容を実際の生活で生かす場面を設定し，自分の生活が家庭や地域と深く関わっていることを認識したり，自分の成長を自覚し，実践する喜びに気付いたりすることができる活動などを充実させる必要がある。こうした「主体的な学び」が実現することによって日常の生活の営みを大切にし，よりよくしようと工夫する実践的な態度も養われる。また，題材によって，名人やシェフなどを目指す取組などは，児童が学びと自身のキャリア形成とを関連付けることにつながるものであり，学びへの意識を高めることができる。

「**対話的な学び**」の視点については，児童同士で協働したり，意見を共有して互いの考えを深めたり，家族や身近な人々などとの会話を通して考えを明確にしたりするなど，自らの考えを広げ深めることがポイントとなる。

「対話的な学び」は，題材のあらゆる場面で設定することが考えられる。例えば，解決方法を探る場面では，試しの活動や実験・実習等を協働して行い，その結果をグループで話し合うことにより，自分の考えと友達の考えの共通点や相違点を見付け，より深く考えることができる。その際，グループの考えをホワイトボードに整理し，それらを集約・分類するなど，互いの考えを可視化し，比較できるようにすることが大切である。各自が立てた計画を検討し合う場面では，材料や味の付け方などは好みによって異なる場合が考えられるが，各自の思いや願いを友達に伝えることにより，適切なアドバイスを得ることができる。実践の振り返りでは，グループでそれぞれが発表して終わるのではなく，「なぜ，その方法にしたのか？」など，ペアで聞き合うなどの活動も考えられる。

また，家庭科においては，自分の生活における課題を解決するために，家族にインタビューする活動や地域の人々から学ぶ活動などが取り入れられている。家族や身近な人々など他者との関わりを通して，児童が自分の考えを明確にし，考えを広げることができるようにすることが大切である。例えば，野菜のいため方をどのように工夫しているのかについて，家族に聞いたり，レストランのシェフに質問したりして課題を見付けることなどが考えられる。

さらに，教師と児童との対話においては，個々の児童の家庭の状況を踏まえて，児童が安心して学習に取り組み，自分の家庭生活を見つめることができるようにすることが大切である。例えば，清掃の仕方など，各家庭によって様々な方法があるが，それらを認めたり，「なぜ，そのようにしているのだろう？」「同じようなやり方はある？」「違うやり方はあるかな？」など，児童の考えを広げ深めるよう支援したりしていくことが大切である。

「**深い学び**」の視点については，「児童が日常生活の中から問題を見いだして課題を設定し，その解決に向けて様々な解決方法を考え，計画を立てて実践し，その結果を評価・改善し，さらに家庭や地域で実践するなどの一連の学習過程の中で，「生活の営みに係る見方・考え方」を働かせながら，課題の解決に向けて自分なりに考え，表現するなどして資質・能力を身に付けること」がポイントとなる。

課題解決に向かう中で，児童が既習事項や生活経験と関連付けて意見交流したり，家庭で調べたことを発表し合ったりする活動を通して，「生活の営みに係る見方・考え方」を拠り所として，解決方法を検討する。実践活動を振り返る中でこの見方・考え方を働かせて改善策を考える。こうした学習過程において，児童が「生活の営みに係る見方・考え方」を働かせることができていたかを確認しつつ，指導の改善につなげることが大切である。

このような学びを通して，日常生活に必要な事実的な知識が概念化されて質的に高まったり，技能の定着が図られたりする。また，このような学びの中で同時に「主体的な学び」や「対話的な学び」を充実させることによって，家庭科が目指す「思考力，判断力，表現力等」も豊かなものとなり，生活をよりよくしようと工夫する資質・能力が育まれることになる。「深い学び」の視点から授業改善し，児童が「見方・考え方」を働かせて学ぶことができるような授業デザインを考えることが求められている。

## 家庭科における「見方・考え方」

「主体的・対話的で深い学び」の実現に向けた授業改善を進めるに当たり，特に，「深い学び」の視点に関して，家庭科における学びの深まりの鍵となるのが，目標の柱書に示されている「生活の営みに係る見方・考え方」，すなわち，家庭科の特質に応じた物事を捉える視点や考え方である。「教科等の教育と社会をつなぐ」（答申），大人になって生活をしていく際にも重要な働きをするものでもある。「生活の営みに係る見方・考え方」を働かせるとは，家庭科が学習対象としている「家族や家庭，衣食住，消費や環境などに係る生活事象を，協力・協働，健康・快適・安全，生活文化の継承・創造，持続可能な社会の構築等の視点で捉え，生涯にわたって，自立し共に生きる生活を創造できるよう，よりよい生活を営むために工夫すること」を示したものである。

「生活の営みに係る見方・考え方」における内容と視点

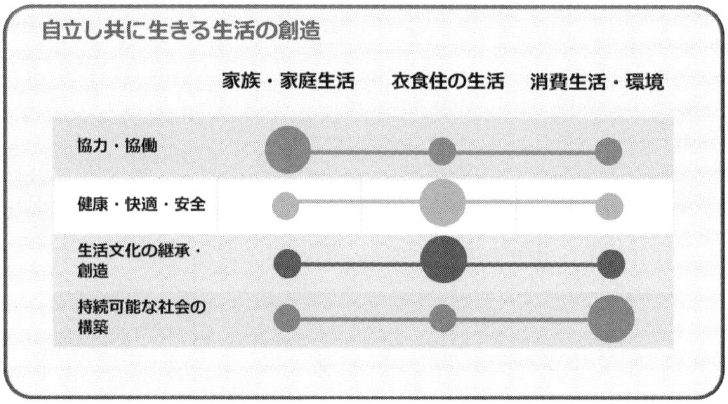


※主として捉える視点については大きい丸で示している。

図は，「生活の営みに係る見方」における内容と視点の関係について示したものである。この考え方を踏まえ，例えば，家族・家庭生活に関する内容においては，主に「協力・協働」，衣食住の生活に関する内容においては，主に「健康・快適・安全」や「生活文化の継承・創造」，さらに，消費生活・環境に関する内容においては，主に「持続可能な社会の構築」の視点から物事を考察することが考えられる。今回の改訂では，小・中学校においては，A，B，Cの三つの内容としており，それぞれの内容は，「生活の営みに係る見方」に示した主な視点が共通する枠組でもある。なお，小学校においては，「生活の営みに係る見方」のうち，「協力・協働」については「家族や地域の人々との協力」「生活文化の継承・創造」については「生活文化の大切さに気付くこと」を視点として扱うことに留意する。この「見方・考え方」に示される視点は，家庭科で扱う全ての内容に共通する視点であり，相互に関わり合うものである。したがって，児童の発達の段階を踏まえるとともに，取り上げる内容や題材構成等によって，いずれの視点を重視するのかを適切に定めることが大切である。小学校家庭科の題材は，複数の内容から構成する場合が多いことから，図に示す考え方を踏まえて，題材における見方・考え方の視点の重点の置き方を検討する必要がある。

## 3 家庭科の特質を踏まえたICTの活用

家庭科の授業は，衣食住などに関する実践的・体験的な活動を通して，日常生活に必要な知識及び技能を身に付け，身近な生活の課題を解決し，家庭や地域で実践できるようにすることを目指している。そのため，前述の一連の学習過程でICTの活用により，児童が具体的なイメージをもって課題を設定し，見通しをもって学習を進めたり，互いの考えを共有して思考を深めたり，振り返って新たな課題を見付けたりする活動を工夫することが重要である。今回の改訂における主体的・対話的で深い学びの実現には，児童の思考の過程や結果を可視化したり，考えたことを瞬時に共有化したり，情報を収集し，編集したりすることを繰り返し行い，試行錯誤する学習場面において，コンピュータや情報通信ネットワークの積極的な活用が求められており，課題の設定や解決の際に，情報通信ネットワークを活用して情報を収集・整理したり，コンピュータを活用して実践の結果をまとめ発表したりすることが考えられる。一人一台端末などの環境整備が進められる中，ここでは，家庭科の特質を踏まえたICTの効果的な活用について考察する。

### 1 生活を見つめ，課題を設定し，学習の見通しをもつ場面

題材の導入で，生活場面の写真や動画を用いることにより，「何が課題なのか」を見つけたり，「なぜそのようにするのか」について考えたりして，学習への興味･関心が高まり，意欲的に取り組むことができる。例えば，整理･整頓の前後の写真を2画面で投影したり，ほこりが舞い上がる様子を動画で見せたりすることにより，整理・整頓や清掃の必要性を実感し，課題を設定することができる。また，ビデオ通話などを活用し，例えば，離れて暮らしている祖父母や地域の人へのインタビューなどから課題をつかむことも考えられる。

### 2 知識及び技能を習得し，解決方法を検討する場面

拡大・動画等の機能を活用することにより，学習内容の理解を図ることができる。例えば，調理や製作の示範で実物投影機や動画を用いることにより，教師の細かな手の動きが拡大され，児童は，そのポイントを明確につかむことができる。その際，例えば，玉結びの仕方をタブレット端末を用いて動画で確認し，自分の玉結びと比べてどこが違うのかを考え，何度も確認しながら練習することで，技能の習得を図ることができる。「ミシンの

上糸や下糸のかけ方」「包丁の扱い方や材料の切り方」などの示範や,「手洗いの仕方」「なみ縫いや返し縫いの縫い方」における手の使い方・動かし方などについても動画を用いることにより同様の効果が期待できる。また,専門家へのビデオ通話によるインタビューから作り方や買物の仕方などのポイントをつかむことも考えられる。

さらに,実験,実習等で活用することにより,実感を伴って理解を深めることができる。例えば,「衣服の快適な着方」や「季節の変化に合わせた住まい方」では,タブレット端末にサーモカメラを接続して撮影することで,暑い,暖かい,寒い,涼しいという体感的なものを可視化し,比較実験などを通して科学的に理解することができ,解決方法の検討につながる。観察,実験,実習等の結果を図表やグラフ,写真などを用いてまとめ,発表することにより,考えを共有することができる。

## 3 解決の見通しをもち,計画を立てる場面

調理や製作,献立作成など,児童が各自の課題に取り組む際,デジタル教材等を活用することが考えられる。例えば,作りたい袋を考え,作り方の情報をインターネットで収集したり,動画でゆで野菜サラダのイメージを膨らませ,調理計画を立てたり,献立作成ソフトウェアを活用して一食分の献立の栄養バランスを確認したりすることが考えられる。

また,教師がそれらをタブレット端末で撮影し,電子黒板に映して共有し,自分の計画や献立を見直すことが考えられる。その際,ビデオ通話などを活用し,専門家からアドバイスをもらい,改善に生かすことも考えられる。

## 4 調理・製作等の実践活動を行う場面

調理や製作の過程で,例えば,「切り方」や「縫い方」の動画を活用することにより,一人一人の理解やつまずきの状況に応じた学びを進めることができ,児童の知識及び技能の定着につながる。また,一人一人が異なる物を製作したり,調理したりする場合,児童の技能や進度に応じた学習を進める上で有効である。さらに,実践活動においては,注目したいプロセスや完成した作品・料理などを動画や写真として撮影し,それを振り返りに活用したり,作品集やレシピ集の資料としたりすることが考えられる。

## 5 実践活動を振り返り,評価・改善する場面

タブレット端末を用いて児童同士がペアで友達の調理の様子や包丁の使い方を撮影し合い,自らの調理について振り返り,次の課題を見付けたり,繰り返し再現して技能を身に付けたりすることができる。また,友達の調理の工夫を大画面で共有し,自分の調理に生かすことができる。さらに,なぜ,そのように評価したのか,相互評価の根拠としても活

用することが考えられる。なお，改善策を家庭や地域で実践する場合，例えば，朝食の献立や調理の発表，夏休みの家庭の仕事実践の報告会などにおいても写真等を提示機器等で映して互いの工夫点を学び合うことが考えられる。

このように，各学習過程でデジタル教材やタブレット端末，電子黒板等を活用することにより，児童一人一人が自分の思いを大切にして主体的に学習に取り組めるようにすることが大切である。ICT はあくまでもツールであり，具体的な活用の目的や場面等に十分留意する必要がある。家庭科のどの内容で ICT を活用するのか，一人一台端末の活用についても検討し，学習指導を一層充実することを期待したい。

## 4 家庭や地域との連携

家庭科で学習したことを家庭生活に生かし，継続的に実践することにより，知識及び技能などの定着を図ることができる。また，家庭でのインタビューなどは，課題を発見したり，解決方法を考えたりする上で効果的であり，学習を効率的に進めることができる。

そのためには，家庭との連携を図る必要がある。例えば，家庭科の学習のねらいや内容について，授業参観や学年便りなどにより情報を提供するなど，家族が家庭科の学習の意義や内容について理解できるようにすることが大切である。

さらに，生活文化の大切さなどを伝える学習において，地域の高齢者などを招いたり，インタビューしたりする活動を取り入れることは，効果的な学習を展開することにつながる。そのため，人的又は物的な支援体制を地域の人々の協力を得ながら整えるなど，地域との連携を図ることが大切である。

〈筒井 恭子〉

## 5 2学年間を見通した指導計画作成のポイント

家庭科は，教科の目標と内容を２学年間まとめて示していることから，指導計画を作成する際には，それらを踏まえ，児童や学校，地域の実態に応じて適切な題材を設定し，２学年間を見通して効果的に配列する必要がある。題材の構成に当たっては，家庭生活を総合的に捉えることができるよう，関連する内容の組合せを工夫し，効果的な学習が展開できるよう配慮することが大切である。その際，児童の家庭生活の状況，生活経験の有無などにより，児童の生活に対する興味・関心，身に付いている知識や技能などは様々であることから，内容に関する児童の実態を的確に捉え，学校，地域における行事等との関連を図るなど，より身近な題材を設定するよう配慮する。また，他教科等との関連を明確にするとともに，中学校の学習を見据え，系統的な指導ができるよう配慮する必要がある。

## 1 指導計画作成のためのチェックポイント

指導計画を作成する際には，次の５点について確認することが大切である。

□① 家庭科で育成を目指す資質・能力が明確になっていますか。
- 家庭科の内容「A 家族・家庭生活」，「B 衣食住の生活」，「C 消費生活・環境」の各項目や指導事項で育成する資質・能力を確認する。

□② ２学年間の指導の流れを考え，題材を配列していますか。
- A⑴アは，第５学年の最初に履修するとともに，A，B，Cの各内容の学習と関連を図る。
- A⑷「家族・家庭生活についての課題と実践」は，２学年間で一つ又は二つの課題を設定して履修するとともに，A⑵又は⑶，内容B及びCで学習した内容との関連を図り，課題を設定する。
- B⑵「調理の基礎」及び⑸「生活を豊かにするための布を用いた製作」は，平易なものから段階的に題材を配列する。

□③ 指導内容の関連を図って題材を構成していますか。
- A⑵「家庭生活と仕事」のイについては，内容Bとの関連を図る。
- ⑶「家族や地域の人々との関わり」のイについては，他教科等との関連を図る。
- B⑹「快適な住まい方」のア㋐については，暑さ・寒さは⑷「衣服の着用と手入れ」のア㋐の日常着の快適な着方との関連を図る。
- C⑴「物や金銭の使い方と買物」については，A⑶，B⑵，⑸及び⑹で扱う用具や実習材料などの身近な物を取り上げる。
- C⑵「環境に配慮した生活」のイについては，内容Bとの関連を図る。

□④ 各題材に適切な授業時数を配当していますか。

□⑤ 指導すべき内容に漏れがないかを確認していますか。

## 2 他教科等との関連を図るために

各教科等の学びは相互に関連し合っていることから，年間指導計画を作成する際には，家庭科と他教科等との関連についても明確にする必要がある。そのためには，まず，家庭科に関連のある他教科等の内容を洗い出し，児童の学習状況を把握する。次に，他教科等の学習時期を考慮して，題材の設定や配列を工夫する。さらに，年間指導計画に他教科等との関連を位置付け，第５学年４月に実施するガイダンスにおいて，これからの学習に見通しをもたせるようにすることが大切である。

## 3 中学校の学習を見通した系統的な指導計画を作成するために

小・中学校の各内容について理解を深めるために，まず，中学校と連携し，小・中学校の各内容の系統性について確認する。また，例えば，調理や製作では，児童生徒の知識及び技能の習得状況等を把握する。次に，中学校の学習を見通して，小学校の指導内容を明確にした上で題材を設定し，段階的に配列する。

## 4 指導計画例

1で述べたチェックポイント⑤については，下記の内容確認表等を用いて確認する。

| | 題材名 | A 家族・家庭生活 | | | | | | | B 衣食住の生活 | | | | | | | | | | | | | | | | | | | | | C 消費生活・環境 | | | | | 時数 |
|---|---|---|---|---|---|---|---|---|---|---|---|---|---|---|---|---|---|---|---|---|---|---|---|---|---|---|---|---|---|---|---|---|---|---|---|
| | | (1) | (2) | | (3) | | | (4) | (1) | | (2) | | | | | | (3) | | | | (4) | | | (5) | | | (6) | | | (1) | | | (2) | | |
| | | ア | ア | イ | ア(ア) | ア(イ) | イ | ア | ア | イ | ア(ア) | ア(イ) | ア(ウ) | ア(エ) | ア(オ) | イ | ア(ア) | ア(イ) | ア(ウ) | イ | ア(ア) | ア(イ) | イ | ア(ア) | ア(イ) | イ | ア(ア) | ア(イ) | イ | ア(ア) | ア(イ) | イ | ア | イ | |
| 第5学年 | 家庭科の学習を始めよう | ○ | | | | | | | | | | | | | | | | | | | | | | | | | | | | | | | | | 2 |
| | | | | | | | | | | | | | | | | | | | | | | | | | | | | | | | | | | | |
| | 第5学年 授業時間数 | | | | | | | | | | | | | | | | | | | | | | | | | | | | | | | | | | |
| 第6学年 | | | | | | | | | | | | | | | | | | | | | | | | | | | | | | | | | | | |
| | | | | | | | | | | | | | | | | | | | | | | | | | | | | | | | | | | | |
| | 第6学年 授業時間数 | | | | | | | | | | | | | | | | | | | | | | | | | | | | | | | | | | |
| 総時間数 | | | | | | | | | | | | | | | | | | | | | | | | | | | | | | | | | | | |

| 内容 | A 家族・家庭生活 | | | | B 衣食住の生活 | | | | | | C 消費生活・環境 | | 合計 |
|---|---|---|---|---|---|---|---|---|---|---|---|---|---|
| 指導項目 | (1) | (2) | (3) | (4) | (1) | (2) | (3) | (4) | (5) | (6) | (1) | (2) | |
| 第5学年 授業時数 | 3 | 4 | 3 | 0 | 5 | 12 | 3 | 4 | 14 | 8 | 2 | 2 | 60 |
| 第6学年 授業時数 | 2 | 0 | 4 | 4 | 0 | 12 | 5 | 4 | 9 | 4 | 7 | 4 | 55 |
| 内容ごとの合計 | 20 | | | | 37 | | | 31 | | 12 | 15 | | 115 |

表は，「年間指導計画1」の配当授業時数の例である。内容の「A 家族・家庭生活」から「C 消費生活・環境」までの各項目に配当する授業時数及び各項目の履修学年については，児童や学校，地域の実態等に応じて，各学校で適切な授業時数を配当するとともに，2学年間を見通して履修学年や指導内容を適切に配列することが大切である。

### (1) 年間指導計画例 1

次に示す「年間指導計画例 1」は，関連する内容の組合せを工夫し，2 学年間の指導の流れを明確にしたものである。また，資料 1 及び資料 2 は，製作及び「C 消費生活・環境」に関する題材配列を示したものである。

| 月 | テーマ | 第5学年<br>○題材名<br>（丸数字は授業時数） | 指導内容 A | 指導内容 B | 指導内容 C | 生活の営みに係る見方・考え方 |
|---|---|---|---|---|---|---|
| 4 | 自分でできるようになろう | ○家庭科を始めよう② | (1)ア | | | 協力 |
| 4・5 | | ○わくわくドキドキクッキング⑨（ゆでる調理） | | (2)ア(イ)(ウ)(エ)イ | | 健康・安全 |
| 6 | | ○ぬって作って体験学習へGO⑥ | | (5)ア(ア)(イ)イ | | 快適・安全 |
| 6・7 | | ○すっきり快適整理・整とん大作戦④ | | (6)ア(イ)イ | (2)アイ | 健康・快適・安全<br>持続可能な社会 |
| 7 | | ○生活時間を見つめてチャレンジ家庭の仕事④ | (2)アイ | | | 協力 |
| 夏休み | | 「家庭の仕事　夏休みチャレンジ」の実践 | | | | |
| 9 | | ・実践報告会を実施する<br>○ミシンを使って上手にぬおう⑧ | | (5)ア(ア)(イ)イ | | 快適・安全<br>生活文化 |
| 10・11 | できるようになったことを生活に生かそう | ○日本の味ご飯とみそ汁⑫ | | (1)アイ(2)ア(ア)(イ)(ウ)(オ)イ(3)ア(ア)(イ) | (1)ア(イ)イ | 健康・安全<br>持続可能な社会<br>生活文化 |
| 12 | | ○すっきり快適クリーン大作戦⑤ | | (6)ア(イ)イ | (2)アイ | 健康・快適<br>持続可能な社会 |
| 冬休み | | おおみそかに向けたわが家のクリーン大作戦<br>わが家でご飯とみそ汁作り | | | | |
| 1 | | ○ぽかぽかふれあいタイムを計画しよう④ | (3)ア(ア)イ | (1)アイ | | 協力<br>生活文化 |
| 2 | | ○あったか快適季節の変化に合わせた着方・住まい方⑤ | | (4)ア(ア)イ(6)ア(ア)イ | (2)アイ | 健康・快適・安全<br>持続可能な社会 |
| 3 | | ○1年間を振り返ろう① | (1)ア | | | 協力 |

| 月 | テーマ | 第6学年<br>○題材名<br>（丸数字は授業時数） | 指導内容 A | 指導内容 B | 指導内容 C | 生活の営みに係る見方・考え方 |
|---|---|---|---|---|---|---|
| 4 | 家族との生活を見つめよう | ○6年生の学習を始めよう② | (1)ア(3)ア(イ)イ | | | 協力 |
| 4 | | ○ぬって作って修学旅行へGO⑥ | | (5)ア(ア)(イ)イ | | 快適・安全 |
| 5 | | ○上手に使ってenjoy修学旅行② | | | (1)ア(ア)(イ)イ | 持続可能な社会 |
| 6 | | ○わくわくドキドキクッキング⑧（いためる調理） | | (2)ア(ア)(イ)(ウ)(エ)イ(3)ア(ア)(イ)イ | (2)アイ | 健康・安全<br>持続可能な社会 |
| 6・7 | | ○すずしく快適季節の変化に合わせた着方・住まい方⑤ | | (4)ア(ア)イ(6)ア(ア)イ | (2)アイ | 健康・快適・安全<br>持続可能な社会<br>生活文化 |
| 7 | | ○わが家の「健康・快適生活」応援プロジェクト④ | (4)ア | | | 協力 |
| 夏休み | | 「我が家の『健康・快適生活』応援プロジェクト」の実践 | | | | |
| 9 | | ・実践報告会を実施する<br>○衣服お手入れプロジェクト⑥ | | (4)ア(ア)(イ)イ | (2)アイ | 健康・快適<br>持続可能な社会 |
| 9 | | ○知ろう　探ろう　わたしたちの消費生活② | | | (1)ア(ア)(イ)イ | 持続可能な社会 |
| 10・11 | | ○感謝の気持ちを伝えよう卒業プロジェクト⑧ | (3)ア(イ)イ | (5)ア(ア)(イ)イ | (1)ア(イ)イ | 協力<br>快適<br>持続可能な社会 |
| 12 | 伝えよう・あらわそう　感謝の気持ち | ○心を込めて作ろう家族といただく1食分の食事（献立）その1② | | (3)ア(ア)(イ)(ウ)イ | | 健康 |
| 冬休み | | | | | | |
| 1 | | ○心を込めて作ろう家族といただく1食分の食事（調理）その2⑧ | | (2)ア(ア)(イ)(ウ)(エ)(オ)イ | (2)アイ | 健康・安全<br>持続可能な社会 |
| 2・3 | | ○2年間を振り返り中学へつなげよう② | (1)ア(3)ア(イ)イ | | | 協力 |

資料１　２学年間を見通した製作に関する題材配列表

| 学年 | | 第5学年 | | 第6学年 | | |
|---|---|---|---|---|---|---|
| 題材名 | | ソーイング<br>はじめの一歩 | ミシンでソーイングⅠ<br>生活に役立つ<br>便利グッズを作ろう | ミシンでソーイングⅡ<br>すてきな ふくろで<br>生活を豊かに | 暑い夏をさわやかに<br>～衣服の手入れ～ | ソーイング<br>家族や地域の人へ<br>心をこめて |
| 指導内容 | B(4)ア(イ) | | | | ○(ボタン付け) | |
| | B(6)ア(ア) | ○ | ○ | ○ | | ○ |
| | B(5)ア(イ) | ○(手縫い) | ○(ミシン縫い) | ○(ミシン縫い) | | ○ |
| | B(5)イ | ○(手縫い) | ○ | ○ | | ○ |
| 形・大きさ | | 手のひらサイズ | やや大きい平面 | 大きい<br>立体(袋)など | 衣服の<br>ボタン付け | 目的に合った<br>形や大きさ |
| 縫い方 | 玉結び | ○ | | | ○ | ○ |
| | 玉どめ | ○ | | | ○ | ○ |
| | なみ縫い | ○ | | | | ○ |
| | 返し縫い | ○ | | | | ○ |
| | かがり縫い | ○ | | | | ○ |
| | ボタン付け | | | | ○ | ○ |
| | ミシンを用いた直線縫い | | ○ | ○ | | ○ |
| 用具 | 針・はさみ | ○ | ○ | ○ | ○ | ○ |
| | ミシン | | ○ | ○ | | ○ |
| | アイロン | ○ | ○ | ○ | | ○ |
| 作品例 | | ネームプレート<br>マスク<br>ポケットティッシュケース | ランチョンマット<br>ウォールポケット | ナップザック<br>手提げバック<br>巾着袋 | 白衣やYシャツの<br>ボタン付け | テーブルクロス<br>コースター<br>クッションカバー |

資料２　２学年間を見通した「C 消費生活・環境」に関する題材配列表

| 学年 | | 第5学年 | | | | | 第6学年 | | | | |
|---|---|---|---|---|---|---|---|---|---|---|---|
| 題材名 | | ゆでておいしく食べよう | 日本の伝統の味 おいしいごはんとみそ汁を作ろう | すっきりピカピカ大作戦 整理・整とんとそうじ | 心ほかほか 我が家の団らんを工夫しよう | 寒い冬もあたたかく 着方・住まい方を工夫しよう | かしこい消費者をめざして | いためておいしく食べよう | 暑い夏もさわやかに 着方・住まい方を工夫しよう | 暑い夏もさわやかに ～衣服の手入れ～ | ゆでていためて調理しよう 家族への一食分の食事 |
| C(1)物や金銭の使い方と買物 | ア(ア) | | | | | | ○ | | | | |
| | ア(イ) | | ○ | ○ | ○ | | ○ | | | | ○ |
| | イ | | ○ | | ○ | | ○ | | | | ○ |
| 題材・実習など | | | みそ汁の実の選び方・買い方 | 身の回りの整理・整頓、身近な物の選び方・買い方 | 家族との団らんに用いる材料等の選び方・買い方 | | 消費者の役割、物や金銭の使い方 | | | | 調理に用いる材料の選び方・買い方 |
| C(2)環境に配慮した生活 | ア | ○ | ○ | ○ | | ○ | | ○ | ○ | ○ | ○ |
| | イ | | ○ | ○ | | ○ | | ○ | ○ | ○ | |
| 電気・ガス | | 省エネ | 省エネ | | | 省エネ | | 省エネ | 省エネ | | 省エネ |
| 水 | | 節水 | 節水 | 節水・排水 | | | | 節水・排水 | 節水 | 節水・排水 | 節水 |
| ごみ・不用品 | | | 後片付け | 不用品の活用 | | | | 後片付け | | | 後片付け |
| 食材などの材料 | | 無駄なく使う | | | | | | 無駄なく使う | | | 無駄なく使う |

### ⑵ 年間指導計画例２

次に示す「年間指導計画例２」は，内容ＡからＣにおける各題材の指導内容の関連を明確にしたものである。また，資料３は「年間指導計画例２」における題材「いためて作ろう　朝食のおかず～家族の『おいしい』をプロデュース～」（９時間）の題材構想図である。

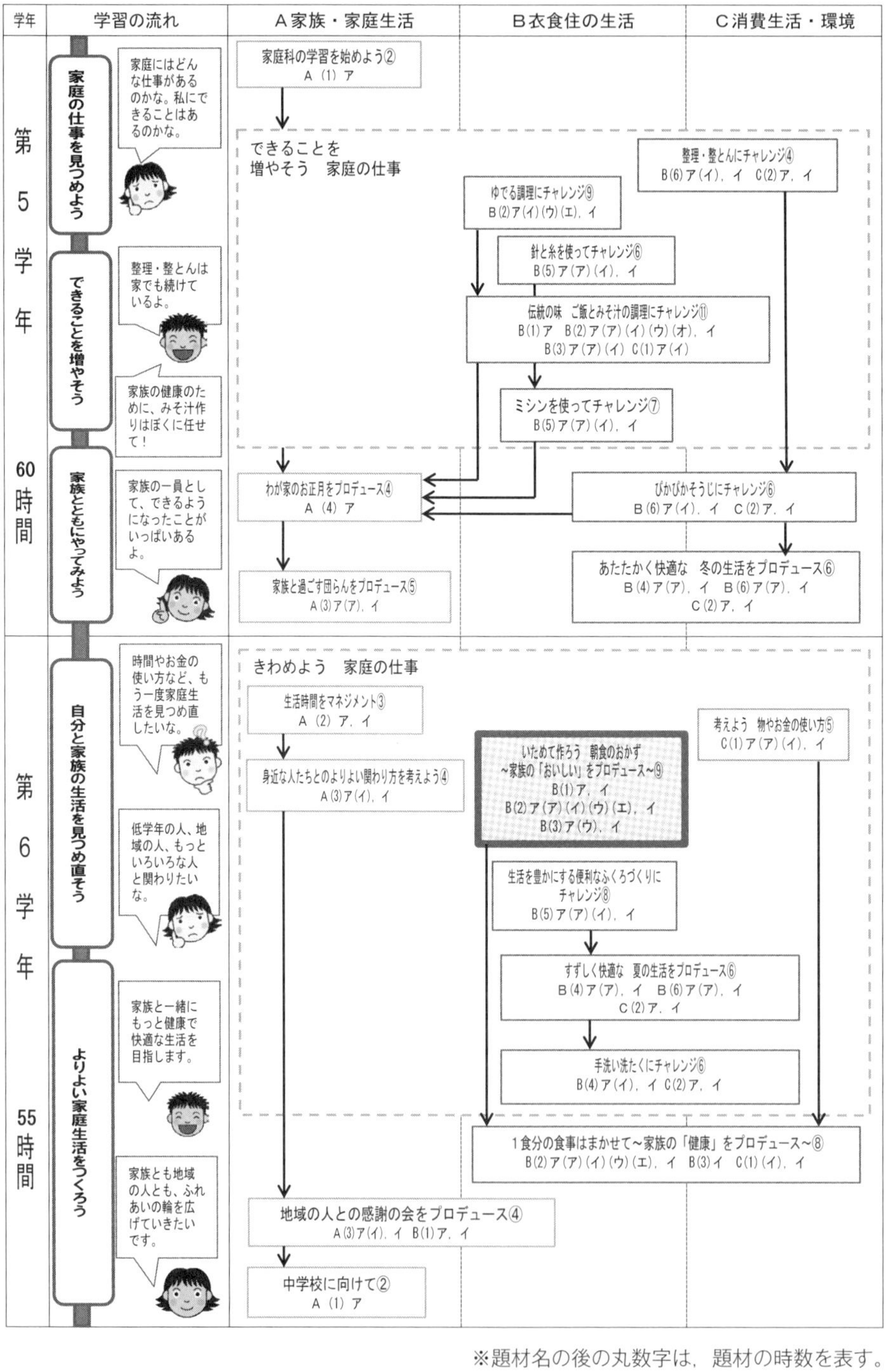


※題材名の後の丸数字は，題材の時数を表す。

資料３ 題材構想図

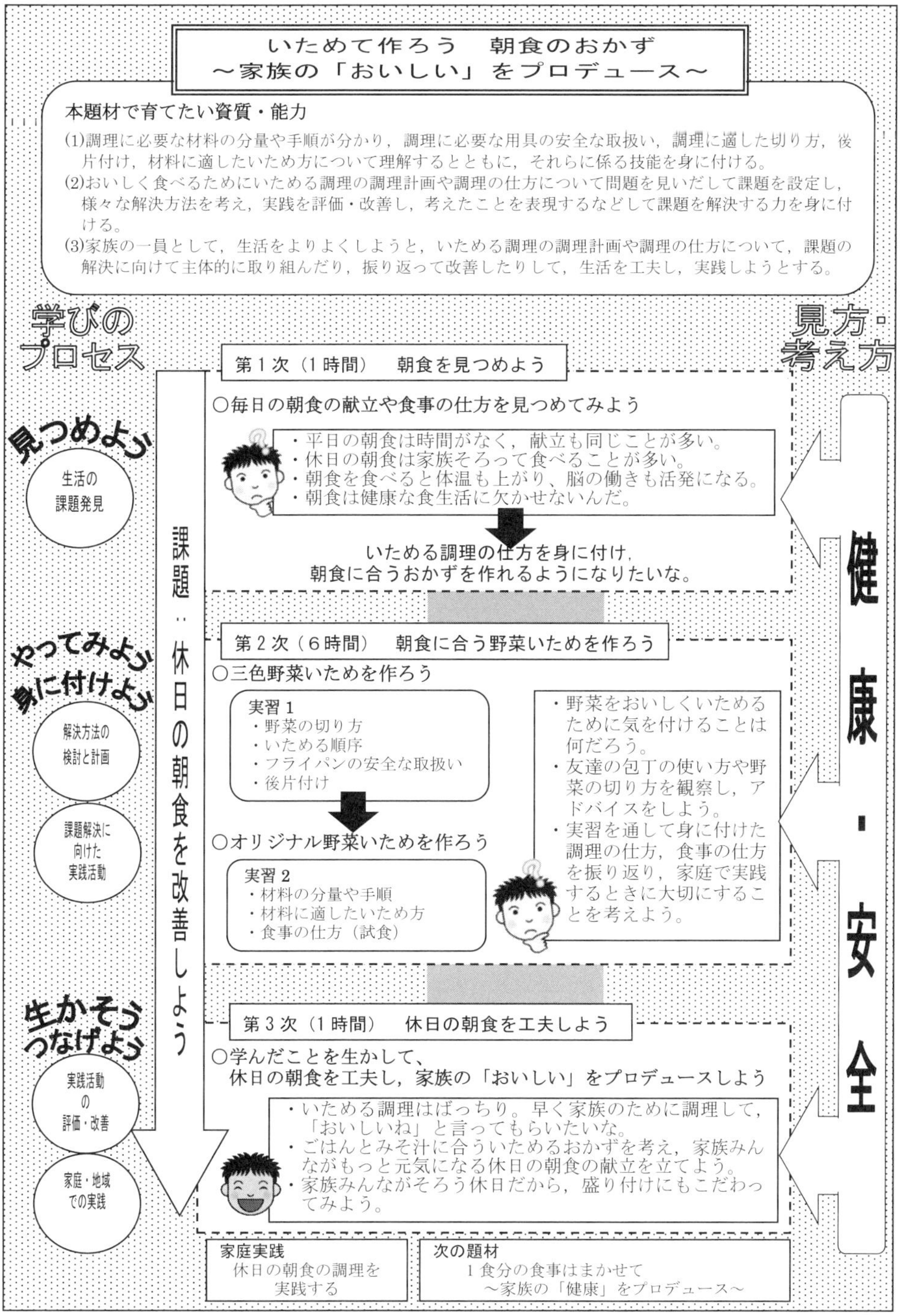
いためて作ろう　朝食のおかず
～家族の「おいしい」をプロデュース～
本題材で育てたい資質・能力
(1)調理に必要な材料の分量や手順が分かり，調理に必要な用具の安全な取扱い，調理に適した切り方，後片付け，材料に適したいため方について理解するとともに，それらに係る技能を身に付ける。
(2)おいしく食べるためにいためる調理の調理計画や調理の仕方について問題を見いだして課題を設定し，様々な解決方法を考え，実践を評価・改善し，考えたことを表現するなどして課題を解決する力を身に付ける。
(3)家族の一員として，生活をよりよくしようと，いためる調理の調理計画や調理の仕方について，課題の解決に向けて主体的に取り組んだり，振り返って改善したりして，生活を工夫し，実践しようとする。
学びのプロセス
見方・考え方
見つめよう
生活の課題発見
やってみよう 身に付けよう
解決方法の検討と計画
課題解決に向けた実践活動
生かそう つなげよう
実践活動の評価・改善
家庭・地域での実践
課題：休日の朝食を改善しよう
健康・安全
第１次（１時間）　朝食を見つめよう
○毎日の朝食の献立や食事の仕方を見つめてみよう
・平日の朝食は時間がなく，献立も同じことが多い。
・休日の朝食は家族そろって食べることが多い。
・朝食を食べると体温も上がり、脳の働きも活発になる。
・朝食は健康な食生活に欠かせないんだ。
いためる調理の仕方を身に付け，
朝食に合うおかずを作れるようになりたいな。
第２次（６時間）　朝食に合う野菜いためを作ろう
○三色野菜いためを作ろう
実習１
・野菜の切り方
・いためる順序
・フライパンの安全な取扱い
・後片付け
○オリジナル野菜いためを作ろう
実習２
・材料の分量や手順
・材料に適したいため方
・食事の仕方（試食）
・野菜をおいしくいためるために気を付けることは何だろう。
・友達の包丁の使い方や野菜の切り方を観察し，アドバイスをしよう。
・実習を通して身に付けた調理の仕方，食事の仕方を振り返り，家庭で実践するときに大切にすることを考えよう。
第３次（１時間）　休日の朝食を工夫しよう
○学んだことを生かして、
休日の朝食を工夫し，家族の「おいしい」をプロデュースしよう
・いためる調理はばっちり。早く家族のために調理して，「おいしいね」と言ってもらいたいな。
・ごはんとみそ汁に合ういためるおかずを考え，家族みんながもっと元気になる休日の朝食の献立を立てよう。
・家族みんながそろう休日だから，盛り付けにもこだわってみよう。
家庭実践
休日の朝食の調理を実践する
次の題材
１食分の食事はまかせて
～家族の「健康」をプロデュース～

### (3) 他教科等との関連を図った指導計画例

次に示す資料４は，「年間指導計画例２」について，各教科，総合的な学習の時間，特別活動，特別の教科　道徳との関連を整理したものの一部である。また，資料５は，学校や地域の行事等との関連を整理したものである。

**資料４**

| 家庭科 | | | | 他教科等との関連 | | |
|---|---|---|---|---|---|---|
| 学年 | 題材名 | 授業時数 | 内容 | 各教科 | 総合的な学習の時間<br>特別活動 | 道徳 |
| 第５学年 | ○家庭科の学習を始めよう | 2 | A(1)ア | | | ＜3・4年A−(7)＞<br>感謝 |
| | ○できることを増やそう | | | | | |
| | ・整理・整とんにチャレンジ | 4 | B(6)ア(イ)，イ<br>C(2)ア，イ | ＜4年社会＞<br>ごみの処理と再利用 | | |
| | ・ゆでる調理にチャレンジ | 9 | B(2)ア(イ)(ウ)(エ)，イ | ＜4年理科＞<br>水のすがたとゆくえ<br>物のあたたまり方 | | |
| | ・針と糸を使ってチャレンジ | 6 | B(5)ア(ア)(イ)，イ | | | |
| | ・伝統の味　ご飯とみそ汁の調理にチャレンジ | 11 | B(1)ア　B(2)ア(ア)(イ)(ウ)(オ)，イ<br>B(3)ア(ア)(イ)<br>C(1)ア(イ) | ＜4年保健＞<br>育ちゆくからだとわたし<br>＜5年社会＞<br>わたしたちの生活と食料生産 | ＜3・4年総合＞<br>大豆の栽培、みそなどの大豆を加工した食品づくり | ＜3・4年C−(16)＞<br>我が国や郷土の伝統と文化 |
| | ・ミシンを使ってチャレンジ | 7 | B(5)ア(ア)(イ)，イ | | | |
| | ○ぴかぴかそうじにチャレンジ | 6 | B(6)ア(イ)，イ<br>C(2)ア，イ | ＜4年社会＞<br>ごみの処理と再利用 | ＜5年総合＞<br>環境 | |
| | ○わが家のお正月をプロデュース | 4 | A(4)ア | | | ＜5・6年C−(17)＞<br>我が国や郷土の伝統と文化 |
| | ○あたたく快適な冬の生活をプロデュース | 6 | B(4)ア(ア)B(4)イ　B(6)ア(ア)，イ<br>C(2)ア，イ | ＜5年社会＞<br>わたしたちの生活と国土の特徴<br>わたしたちの生活と環境保全 | | ＜5・6年D−(20)＞<br>自然愛護 |
| | ○家族と過ごす団らんをプロデュース | 5 | A(3)ア(ア)，イ | | ＜5年特別活動＞<br>おやつのとり方を工夫しよう | ＜5・6年C−(15)＞<br>家族愛，家庭生活の充実 |
| 第６学年 | ○きわめよう　家庭の仕事 | | | | | |
| | ・生活時間をマネジメント | 3 | A(2)アイ | | | ＜5・6年A−(3)＞<br>節度・節制 |
| | ・身近な人たちとのよりよい関わりを考えよう | 4 | A(3)ア(イ)，イ | | ＜3・4年総合＞<br>福祉 | ＜5・6年B−(7)＞<br>親切・思いやり |
| | ・考えよう　物やお金の使い方 | 5 | C(1)ア(ア)(イ)，イ | ＜6年社会＞<br>税金のはたらき<br>くらしを支える政治 | | ＜5・6年A−(3)＞<br>節度・節制 |

**資料５　学校や地域等の行事との関連を図った指導計画例（第６学年）**

第６学年　（55 時間）

| 家庭科 | | | 学校行事等 |
|---|---|---|---|
| A家族・家庭生活 | B衣食住の生活 | C消費生活・環境 | |
| 生活時間をマネジメント | | | 始業式<br>入学式 |
| 身近な人たちとのよりよい関わりを考えよう | | | 縦割り活動<br>全校遠足<br>登下校等での地域や見守り隊の人たちとのつながり |
| | いためて作ろう　朝食のおかず | | |
| 生活を豊かにする便利なふくろづくりにチャレンジ | | 考えよう　物やお金の使い方 | 修学旅行 |
| | すずしく快適な　夏の生活をプロデュース | | |
| | 手洗い洗たくにチャレンジ | | 運動会 |
| | 1食分の食事はまかせて | | |
| 地域の人との感謝の会をプロデュース | | | 地域防災訓練<br>感謝の気持ちを伝える会 |
| 中学校に向けて | | | 卒業を祝う会<br>卒業証書授与式 |

### (4) 中学校の学習を見通した系統的な指導計画例

次に示す資料6は，小・中学校5学年間の食に関する指導内容を明確にし，調理の基礎における系統性を示したものである。また，資料7は，資料6を踏まえた小・中学校5学年間を見通した食に関する題材配列を示したものである。

**資料6 小・中学校5学年間の食に関する指導内容**

| | 小学校（家庭科） | 中学校（技術・家庭科 家庭分野） |
|---|---|---|
| 調理 | ・必要な材料の分量（1人分のおよその量）<br>・手順を考えた調理計画<br>・材料に応じた洗い方（野菜類），調理に適した切り方，味の付け方（食塩，しょうゆ），盛り付け配膳の基礎<br>・材料に適したゆで方（青菜，じゃがいもなど），いため方<br>・米飯とみそ汁の調理（和食の基本となるだしの役割） | ・基礎的な日常食の調理（魚，肉，野菜等）<br>・1食分の献立の調理計画<br>・食品に応じた適切な洗い方，調理に適した切り方，調理の目的に合った調味（食塩，みそ，しょうゆ，さとう，食酢，油脂）<br>・材料に適した加熱調理の仕方（煮る，焼く，蒸す等）<br>・地域の食材を用いた和食の調理（だしを用いた煮物又は汁物） |
| 安全・衛生 | ・用具や食器の取扱い（包丁の安全な取扱い）<br>（食器，まな板，ふきんの衛生的な取扱い）<br>・野菜類の洗い方<br>・加熱用調理器具の安全な取扱い<br>・後片付け<br>・実習の指導（生の魚や肉は扱わない）（食物アレルギーへの配慮） | ・用途に応じた食品の選択（生鮮食品，加工食品，食の安全を確保する仕組み）<br>・調理用具等の管理（包丁などの刃物の安全な取扱い，ふきんやまな板の衛生的な取扱い）<br>・食品の管理（保存方法と保存期間，食中毒）（魚や肉など生の食品の取扱い）<br>・熱源の安全な取扱い |
| 食文化 | ・伝統的な日常食（米飯とみそ汁：だしの役割）<br>・盛り付け，配膳<br>・日常の食事の仕方（食事のマナー，挨拶など）<br>（お茶の入れ方・供し方） | ・地域の食文化（地域の伝統的な行事食や郷土料理）<br>・地域の食材を用いた和食の調理（だしを用いた煮物又は汁物） |

**資料7 小・中学校5学年間を見通した食に関する題材配列表**

| 学年 | | 小学校 第5学年 | | 小学校 第6学年 | | 中学校 第1学年 | | | 中学校 第2学年 |
|---|---|---|---|---|---|---|---|---|---|
| 題材 | | ゆでて<br>おいしく食べよう | 日本の伝統の味<br>ご飯とみそ汁をつくろう | いためて<br>おいしく食べよう | 栄養のバランスを考えた<br>1食分の食事を整えよう | 野菜の蒸し料理に<br>チャレンジ | 肉の調理に<br>チャレンジ | 魚の調理に<br>チャレンジ | 地域の食材で<br>和食の調理に<br>チャレンジ |
| 実習題材 | | 青菜のおひたし<br>ゆでじゃがいも<br>温野菜サラダ | ごはん<br>みそ汁 | 三色野菜いため | 主菜：野菜のベーコン巻き<br>オムレツ<br>ツナポテトハンバーグ など<br>副菜：ゆで野菜の和えもの<br>ナムル など | とり肉とキャベツの<br>蒸しもの | ハンバーグ<br>付け合わせ<br>（せんキャベツ，野菜とじゃがいものソテー） | 鮭のムニエル<br>ミネストローネスープ | 筑前煮<br>きゅうりとわかめの酢の物<br>すまし汁 |
| 食材 | 米 | | ○ | | | | | | ○ |
| | 野菜 | ほうれん草などの<br>青菜<br>キャベツ にんじん<br>ブロッコリー<br>アスパラガス など | 長ねぎ<br>大根 | キャベツ にんじん<br>ピーマン など | にんじん ピーマン<br>キャベツ<br>ブロッコリー など | キャベツ<br>にんじん<br>長ねぎ | ブロッコリー<br>にんじん<br>キャベツ<br>玉ねぎ | にんじん<br>玉ねぎ<br>キャベツ | にんじん<br>ごぼう<br>れんこん<br>さやえんどう |
| | いも類 | じゃがいも | | | じゃがいも | | じゃがいも | | |
| | 卵 | | | | ○ | | ○（つなぎ） | | ○ |
| | 魚や肉 | | | 魚や肉の加工品（ベーコン，ソーセージ，ちくわ など） | 魚や肉の加工品（ベーコン，ちくわ，ツナ缶 など） | 鶏むね肉 | 合い挽肉 | 鮭<br>ベーコン | 鶏もも肉 |
| | その他 | | 油あげ<br>豆腐<br>煮干し | | | | パン粉 | トマト水煮缶 | 干し椎茸<br>こんにゃく |
| 調理方法 | 計量 | | ○<br>計量スプーン<br>計量カップ | ○<br>計量スプーン | ○<br>計量スプーン | ○ | ○ | ○ | ○ |
| | 洗い方 | ○ | ○ | ○ | ○ | ○ | ○ | ○ | ○ |
| | 切り方 | ○<br>ひと口大に切る | ○<br>いちょう切り<br>小口切り<br>短冊切り | ○<br>せん切り | ○ | ○<br>ざく切り<br>細切り | ○<br>せん切り | ○<br>さいの目切り | ○<br>輪切り<br>乱切り<br>ななめ切り<br>半月切り |
| | ゆでる | ◎ | | | ○ | | ○ | | |
| | いためる | | | ◎ | ○ | | ○ | | |
| | 炊飯 | | ◎ | | ○ | | | | ○ |
| | 煮る | | | | | | | ○ | ◎ |
| | 焼く | | | | | | ◎ | ◎ | |
| | 蒸す | | | | | ◎ | | | |
| 安全・衛生 | 用具や食器の取扱い | ○ | ○ | ○ | ○ | ○ | ○ | ○ | ○ |
| | 加熱用調理器具の安全な取扱い | ○ | ○ | ○ | | ○ | ○ | ○ | ○ |
| | 後片付け | ○ | | ○<br>（環境への配慮） | | ○ | ○ | ○ | ○ |
| | 実習の指導 | ○ | ○ | ○ | ○ | ○ | ○ | ○ | ○ |
| 食文化 | | | 伝統的な日常食<br>・だしの役割<br>・配膳 | | 日常の食事の仕方<br>・食事のマナー<br>・あいさつなど | | 料理（洋食）の様式に応じた盛り付けや配膳 | 料理（洋食）の様式に応じた盛り付けや配膳 | 地域の食文化（地域の伝統的な行事食や郷土料理）<br>・だしを用いた煮物又は汁物 |

〈大平 はな〉

# III

# 家庭科の学習を通して「何が身に付いたのか」

# 1 家庭科における学習評価の改善のポイント

新学習指導要領の下で行われる学習評価については，平成 28 年 12 月 21 日の中央教育審議会答申や，平成 31 年 1 月 21 日の中央教育審議会初等中等教育分科会教育課程部会報告「児童生徒の学習評価の在り方について（報告）」（以下「報告」），平成 31 年 3 月 29 日付け文部科学省初等中等教育局長通知「小学校，中学校，高等学校及び特別支援学校等における児童生徒の学習評価及び指導要録の改善等について（通知）」（以下「改善等通知」）等により，その改善の基本的な考え方が示されている。

報告では，学習評価の基本方針として，「児童生徒の学習改善につながるものにしていくこと」「教師の指導改善につながるものにしていくこと」が示され，「指導と評価の一体化」の重要性が改めて指摘されている。また，指導と評価の一体化は，今回の学習指導要領改訂で明文化された「カリキュラム・マネジメント」や「主体的・対話的で深い学び」の視点からの授業改善において重要な役割を果たすものである。

さらに，これらを踏まえ，国立教育政策研究所教育課程研究センターは，令和２年３月に「指導と評価の一体化」のための学習評価に関する参考資料（小学校　家庭）」（以下参考資料）を公表している。各学校においては，学習評価を通じて，家庭科で「何が身に付いたのか」を的確に捉え，児童自身の学習改善につなげるようにするとともに，学習指導の在り方を見直すことや個に応じた指導の充実を図ることが大切である。また，学習指導と学習評価に係る学校全体の PDCA サイクルを確立し，特に，児童の学習状況，指導計画等の評価（Check）→授業や指導計画等の改善（Action）の過程を工夫し，指導と評価の一体的な取組を通じて，児童一人一人に確実に資質・能力を育むことが求められている。

## 1 学習評価の基本的な考え方

今回の学習指導要領の改訂では，各教科等の目標や内容を「知識及び技能」「思考力，判断力，表現力等」「学びに向かう力，人間性等」の資質・能力の三つの柱で再整理したことを踏まえ，これらの資質・能力に関わる「知識・技能」「思考・判断・表現」「主体的に学習に取り組む態度」の三観点から評価するものとして整理された。

「主体的に学習に取り組む態度」の観点については，答申において，「学びに向かう力・人間性等」には，「主体的に学習に取り組む態度」として観点別評価を通じて見取ることができる部分と，観点別評価や評定にはなじまず個人内評価を通じて見取る部分があることに留意する必要があるとしている。その上で，報告や通知において，知識及び技能を獲得したり，思考力・判断力・表現力等を身に付けたりすることに向けた粘り強い取組の中で，自らの学習を調整しようとしているかどうかを含めて評価するとしている。

## 2 評価の観点

家庭科の評価の観点については，こうした考え方に基づいて，今回の改善では，これまでの「生活の技能」と「家庭生活についての知識・理解」を「知識・技能」の観点として整理している。この観点は，家庭科の教科の目標の(1)と関わっており，学習過程を通した個別の知識及び技能の習得状況について評価するとともに，それらを既有の知識及び技能と関連付けたり活用したりする中で，概念等として理解したり，技能を習得したりしているかについて評価することがポイントとなる。

「思考・判断・表現」の観点は，これまでの「生活を創意工夫する能力」の趣旨を踏まえたものであるが，目標の(2)に示した一連の学習過程を通して，習得した「知識及び技能」を活用して思考力・判断力・表現力等を育成し，課題を解決する力が身に付いているかについて評価することがポイントとなる。

「主体的に学習に取り組む態度」の観点は，①知識及び技能を獲得したり，思考力・判断力・表現力等を身に付けたりすることに向けた粘り強い取組を行おうとしている側面と，②粘り強い取組の中で，自らの学習を調整しようとする側面の二つの側面から評価することがポイントとなる。また，この観点と関わる目標の(3)は，(1)及び(2)で身に付けた資質・能力を活用し，家族の一員として，生活をよりよくしようと工夫する実践的な態度を養うことを明確にしており，この観点は，他の二つの観点とも密接に関わっていることに留意する必要がある。

**資料1　家庭科の教科の目標**

生活の営みに係る見方・考え方を働かせ，衣食住などに関する実践的・体験的な活動を通して，生活をよりよくしようと工夫する資質・能力を次のとおり育成することを目指す。

(1) 家族や家庭，衣食住，消費や環境などについて，日常生活に必要な基礎的な理解を図るとともに，それらに係る技能を身に付けるようにする。

(2) 日常生活の中から問題を見いだして課題を設定し，様々な解決方法を考え，実践を評価・改善し，考えたことを表現するなど，課題を解決する力を養う。

(3) 家庭生活を大切にする心情を育み，家族や地域の人々との関わりを考え，家族の一員として，生活をよりよくしようと工夫する実践的な態度を養う。

資料２　家庭科の評価の観点及びその趣旨

| 観点（新） | 趣旨 |
|---|---|
| 知識・技能 | 日常生活に必要な家族や家庭，衣食住，消費や環境などについて理解しているとともに，それらに係る技能を身に付けている。 |
| 思考・判断・表現 | 日常生活の中から問題を見いだして課題を設定し，様々な解決方法を考え，実践を評価・改善し，考えたことを表現するなどして課題を解決する力を身に付けている。 |
| 主体的に学習に取り組む態度 | 家族の一員として，生活をよりよくしようと，課題の解決に主体的に取り組んだり，振り返って改善したりして，生活を工夫し，実践しようとしている。 |

| 観点（旧） | 趣旨 |
|---|---|
| 家庭生活への関心・意欲・態度 | 衣食住や家族の生活などについて関心をもち，その大切さに気付き，家庭生活をよりよくするために進んで実践しようとする。 |
| 生活を創意工夫する能力 | 家庭生活について見直し，身近な生活の課題を見付け，その解決を目指して生活をよりよくするために考え自分なりに工夫している。 |
| 生活の技能 | 日常生活に必要な衣食住や家族の生活などに関する基礎的・基本的な技能を身に付けている。 |
| 家庭生活についての知識・理解 | 日常生活に必要な衣食住や家族の生活などに関する基礎的・基本的な知識を身に付けている。 |

## 3　評価の観点の趣旨

家庭科の評価の観点及びその趣旨は資料２の通りである。評価の観点ごとに，その趣旨と実際の評価に当たっての配慮事項などを解説する。

### ⑴　知識・技能

この観点では，これまでの観点の趣旨の「基礎的･基本的な知識を身に付けている」「基礎的・基本的な技能を身に付けている」を「理解しているとともに，それらに係る技能を身に付けている」と表現を改めている。なぜ，そのようにするのか，手順の根拠など，技能の裏づけとなる知識を確実に身に付け，学習過程において学習内容の本質を深く理解するための概念の形成につながるようにすることを重視したものである。

また，基礎的・基本的な知識及び技能を身に付けるだけではなく，それらを活用する中で，新しい知識を獲得するなど，知識の理解の質を高めることを目指したものである。したがって，「知識」については，日常生活に必要な家族や家庭，衣食住，消費や環境などに関する基礎的・基本的な知識を身に付けているか，家族などの「人」，衣服や食物などの「もの」「時間」「金銭」など家庭生活を構成している要素が分かり，その成り立ちや意味について理解しているかについて評価するとともに，概念等の理解につながっているかを評価する方法についても検討することが大切である。

「技能」についても同様に，一定の手順や段階を追って身に付く個別の技能だけではなく，それらが自分の経験や他の技能と関連付けられ，変化する状況や課題に応じて主体的に活用できる技能として身に付いているかについて評価することに留意する必要がある。

なお，「技能」については，例えば，調理など，日常生活における児童の経験が影響する場合も考えられることから，実習等においては，それらにも配慮して適切に評価することが求められる。

**⑵　思考・判断・表現**

この観点は，一連の学習過程を通して習得した「知識及び技能」を生かして日常生活の課題を解決する力を養うという教科の目標の⑵を踏まえたものである。

①日常生活の中から問題を見いだし，解決すべき課題を設定しているか，②解決の見通しをもって計画を立てる際，生活課題について自分の生活経験と関連付け，様々な解決方法を考えているか，③課題の解決に向けて実践した結果を評価・改善しているか，④計画や実践について評価・改善する際に，考えたことを分かりやすく表現しているかなどについて評価するものである。従前の「生活を創意工夫する能力」の観点においても学習過程での思考や工夫を評価することとしていたが，知識及び技能を活用して自分なりに工夫しているかについて評価することに重点を置く傾向が見られた。今回の改善では，例えば，おいしく調理するために，児童が考えたり創意工夫したりしたことについて評価するだけではなく，それに向けて課題をもち，計画を立てて，実践を評価・改善するまでのプロセスについて評価することに留意する必要がある。

**⑶　主体的に学習に取り組む態度**

この観点は，前述のように二つの側面から評価するものであり，これらは相互に関わり合うものであることに留意する必要がある。例えば，製作の場合，作りたい作品の完成に向けて，粘り強く縫い方に関する基礎的・基本的な知識及び技能を身に付けたり，製作計画や製作に取り組んだりしているかや，うまくいかなかったことなどを振り返って計画を修正するなど，自らの学習を調整しようとしているかなどについて評価するものである。

また，目標の⑶を踏まえ，従前の「家庭生活への関心･意欲･態度」の観点と同様に，「生活をよりよくしようと工夫する実践的な態度」について評価することとしている。

さらに，衣食住を中心とした生活の営みを大切にしようとしているか，家族の一員として協力しようとしているか，地域の人々と関わり，協力しようとしているかなどについても併せて評価するものである。

これらの三つの観点は，相互に関連し合っているので，各学校においては，評価の観点及びその趣旨を十分理解して適切な指導と評価の計画を作成することが重要である。

## 2 学習評価の進め方

家庭科の指導は，教科目標の実現を目指し，適切な題材を設定して指導計画の作成，授業実践，評価という一連の活動を繰り返して展開されている。児童の学習状況の評価は，教科目標の実現状況を見ると同時に，教師の指導計画や評価方法等を見直して学習指導の改善に生かすために行っている。すなわち，指導に生かす評価を工夫し，指導と評価の一体化を目指すことが求められている。

題材における観点別学習状況の評価を実施するに当たっては，まずは年間の指導と評価の計画を確認し，その上で学習指導要領の目標や内容，「内容のまとまりごとの評価規準」の考え方等を踏まえ，以下のように進める。

1　題材の目標を設定する。
2　題材の評価規準を設定する。
3「指導と評価の計画」を作成する。
4「指導と評価の計画」に基づいた授業を展開し，児童の学習状況を評価し記録する。
5　観点ごとに総括する。

### 1 題材の目標の設定

題材の目標は，学習指導要領に示された教科の目標並びに題材で指導する項目及び指導事項を踏まえて設定する。

### 2 題材の評価規準の設定

題材の評価規準は，「内容のまとまりごとの評価規準（例）」から題材において指導する項目及び指導事項に関係する部分を抜き出し，評価の観点ごとに整理・統合，具体化するなどして設定する。その際，「内容のまとまりごとの評価規準（例）」及び作成する際の観点ごとのポイントについては，参考資料の第２編を参照する。

今回の学習指導要領においては，「内容のまとまり」ごとに育成を目指す資質・能力が示されている。家庭科の「内容のまとまり」は，「第２　各学年の内容」「1　内容」に示されている。この内容の記載がそのまま学習指導の目標になりうるため，内容の記載事項の文末を「～すること」から「～している」と変換したものなどを「内容のまとまりごとの評価規準」としている。すなわち，学習指導要領の記載と表裏一体をなす関係にあることに留意する。ただし，「思考・判断・表現」の観点については，学習指導要領の目標の⑵に思考力・判断力・表現力等の育成に係る学習過程が示されているため，これらを踏まえて「内容のまとまりごとの評価規準」を作成する。基本的には，指導事項イについて，その文末を教科の評価の観点及びその趣旨に基づいて，「～について問題を見いだして課題を設定し，様々な解決方法を考え，実践を評価・改善し，考えたことを表現するなどして課題を解決する力を身に付けている」として，評価規準を作成する。

また，「主体的に学習に取り組む態度」については，児童の学習への継続的な取組を通して現れる性質を有することなどから，「1　内容」に記載がない。そのため，各学年の「1 目標」を参考にしつつ，必要に応じて，改善等通知に示された「評価の観点及びその趣旨」のうち「主体的に学習に取り組む態度」に関わる部分を用いて「内容のまとまりごとの評価規準」を作成する。具体的には，①粘り強さ，②自らの学習の調整に加え，③実践しようとする態度を含めることを基本とし，その文末を，「～について，課題の解決に向けて主体的に取り組んだり（①），振り返って改善したり（②）して，生活を工夫し，実践しようとしている（③）」として，評価規準を作成する。

## 3 指導と評価の計画の作成

評価は，児童の学習状況を捉えるとともに，指導計画に基づいて行われる学習指導の改善を目的として行うものであり，評価を学習指導に反映させるためには，指導計画の立案の段階から評価活動についても計画の中に位置付けていくことが必要である。

題材における「指導と評価の計画」の作成手順は次の通りである。

①題材の目標を踏まえ，毎時間の指導目標や学習活動等を示した指導計画を作成する。
②題材の評価規準を学習活動に即して具体化し，評価規準を設定する。
「内容のまとまりごとの評価規準（例）」→「『内容のまとまりごとの評価規準（例）』を具体化した例」→題材における学習活動に即して具体的な評価規準を設定する。
③学習活動の特質や評価の場面に応じて適切な評価方法を設定する。

②の題材における学習活動に即して具体的な評価規準を設定するためには，題材の評価規準の基となっている「内容のまとまりごとの評価規準（例）」から「『内容のまとまりごとの評価規準（例）』を具体化した例」を作成し，更に題材における学習活動に即して具体化する必要がある。

まず，「『内容のまとまりごとの評価規準（例）』を具体化した例」を作成するためには，参考資料第３編の「観点ごとのポイント」にしたがって「内容のまとまりごとの評価規準（例）」を具体化する。その際，「思考・判断・表現」については，教科の目標の⑵に示されている問題解決的な学習過程に沿って授業を展開し，四つの評価規準を設定して評価することに留意する。「主体的に学習に取り組む態度」については，学習過程における一連の学習活動において，粘り強く取り組んだり，その中で学習の進め方について試行錯誤するなど自らの学習を調整したりしようとする態度に加え，実践しようとする態度の三つの側面から評価規準を設定して評価することに留意する。いずれの観点においても，これらの評価規準は，各題材の構成に応じて適切に位置付けることに留意する必要がある。

**参考資料第３編の「観点ごとのポイント」**

【思考・判断・表現】

①日常生活の中から問題を見いだし，解決すべき課題を設定する力：その文末を「～について問題を見いだして課題を設定している」

②課題解決の見通しをもって計画を立てる際，生活課題について自分の生活経験と関連付け，様々な解決方法を考える力：その文末を「～について（実践に向けた計画を）考え、工夫している」

③課題の解決に向けて実践した結果を評価・改善する力：その文末を「～について，実践を評価したり，改善したりしている」

④計画や実践について評価・改善する際に，考えたことを分かりやすく表現する力：その文末を「～についての課題解決に向けた一連の活動について，考えたことを分かりやすく表現している」として，評価規準を設定することができる。

【主体的に学習に取り組む態度】

①粘り強さ:その文末を「～について，課題の解決に主体的に取り組もうとしている」

②自らの学習の調整：その文末を「～について，課題解決に向けた一連の活動を振り返って改善しようとしている」

③実践しようとする態度：その文末を「～について工夫し，実践しようとしている」として，評価規準を設定することができる。

次に，この「『内容のまとまりごとの評価規準（例)』を具体化した例」を基に，学習指導要領解説における記述等を参考に学習活動に即して，具体的な評価規準を設定する。

例えば，Ⅳ　授業づくりモデルプランの事例７「食べて元気　ご飯とみそ汁」の題材においては，この手順に基づいて，学習活動に即して，「知識･技能」の評価規準①～⑤，「思考・判断・表現」の評価規準①～④，「主体的に学習に取り組む態度」の評価規準①～③を設定している。これらを設定することにより，授業の目標に照らして児童の学習状況を把握することができる。

なお，Ａ（4）「家族・家庭生活についての課題と実践」については，家庭や地域で実践することや，実践発表会を設けることなどにも留意し，参考資料第３編の「観点ごとのポイント」を参考に，適切な評価規準を設定したい。例えば，「思考・判断・表現」の評価規準③は，「～に関する課題の解決に向けて，家庭や地域などで実践した結果を評価したり，改善したりしている」，④は，「～に関する課題解決に向けた一連の活動について，考えたことを分かりやすく説明したり，発表したりしている。」などとすることが考えられる。

また，「主体的に学習に取り組む態度」の評価規準③は，「～に関する新たな課題を見付け，家庭や地域での次の実践に取り組もうとしている。」などとすることが考えられる。

効果的・効率的な評価を行うために，題材ごとの評価計画を作成する際には，次の点に留意する。

①各題材で育成を目指す資質・能力を明確にして，具体的な評価規準を設定する。
②その時間のねらいや学習活動に照らして重点を置くとともに，無理なく評価でき，その結果を児童の学習や教師の指導に生かす観点から，あまり細かなものにならないようにする。
③指導過程のどこで，どのような方法で評価を行うのかを明確にする。
④総括の資料とするための児童全員の学習状況を把握する「記録に残す評価」を行う場面を精選するとともに，「努力を要する」状況と判断される児童への手立てを考える「指導に生かす評価」を行う場面の設定や評価方法について検討する。
⑤評価資料を基に「おおむね満足できる」状況（B），「十分満足できる」状況（A）と判断される児童の姿について考えたり，「努力を要する」状況（C）と判断される児童への手立て等を考えたりする。

## 3 観点別学習状況の評価の進め方と評価方法の工夫

指導と評価の計画に基づいた評価の進め方については，次の点に留意する必要がある。

### 1 知識・技能

この観点については，基礎的・基本的な知識及び技能を身に付けるだけではなく，それらを活用する中で，新しい知識を獲得するなど，知識の理解の質を高めることを目指しており，概念等の理解につながっているかを評価することが重要である，そのため，例えば，2回の調理実習を取り入れた場合，1回目の調理の評価は，「指導に生かす評価」（「努力を要する」状況（C）と判断される児童への手立てを考えるための評価）として位置付け，1回目の調理で習得した知識や技能を活用した2回目の調理の評価を「記録に残す評価」として位置付けることが考えられる。その際，調理の仕方を理解しているとともに，適切にできる，すなわち，技能の根拠となる知識を身に付けているかどうかを把握することが大切である。そのための評価方法として，1回目の調理実習後に，確認テストなどを用いて，なぜそのようにするのか，手順の根拠などを理解しているかどうかを評価することが考えられる。また，実験・実習，観察等を通して，実感を伴って理解できるよう配慮することが大切であり，その状況を把握できるワークシートやペーパーテストを工夫することが考えられる。

技能については，教師の行動観察のほか，児童の相互評価の記述内容や写真，タブレット端末による動画撮影等から，児童の実現状況をより詳細に把握し，それを評価に生かすことが大切である。相互評価は，グループやペアで行い，見本や写真等と照らし合わせることにより，技能の上達の状況を把握できるよう工夫することが考えられる。さらに，同じ項目で自己評価を行うことにより，児童自身が技能の上達を実感できるようにすることも考えられる。

## 2 思考・判断・表現

この観点については，結果としての創意工夫だけではなく，課題の設定から解決を目指してよりよい方法を得ようと考え，工夫したり，実践を評価・改善したりする一連の学習過程において評価することとしている。具体的な評価方法としては，課題の設定の場面では，観察したことや家族にインタビューしたことをもとに問題に気付き，課題を設定するだけではなく，その理由も記入できるようなワークシートを工夫することが考えられる。計画，実践，評価・改善の一連の学習活動においては，児童が考えたり工夫したりした過程を図や言葉でまとめることができる計画表や実習記録表，レポートなどを作成し，その記述内容から評価することが考えられる。また，計画や実践の場面での発表，グループや学級における話合いなどの言語活動を中心とした表現について，教師が観察することを通して評価することなどが考えられる。

## 3 主体的に学習に取り組む態度

この観点については，①知識及び技能を獲得したり，思考力・表現力等を身に付けたりすることに向けた粘り強い取組を行おうとしている側面と，②粘り強い取組の中で，自らの学習を調整しようとする側面の二つの側面のほか，③実践しようとする態度について評価することとしている。具体的な評価方法としては，ワークシートや計画表，実習記録表，一連の活動を通して児童の変容を見取るポートフォリオ等の記述内容，発言，教師による行動観察や，児童の自己評価や相互評価等の状況を教師が評価を行う際に参考とすることなどが考えられる。

①については，例えば，基礎的・基本的な知識及び技能を身に付ける場面で，自分なりに解決しようと取り組む様子をポートフォリオの記述内容や行動観察から評価することが考えられる。②については，例えば，計画の場面で，適切に自己評価したり，相互評価を生かしたりして，よりよい計画にしようと取り組む様子をポートフォリオや計画表の記述内容，行動観察から評価することが考えられる。なお，二つの側面は，相互に関わり合っていることから，同じ場面において評価することも考えられる。例えば，実践を評価・改善する場面で，自分の取組を振り返り，うまくできたことやできなかったことを適切に評

価し，改善しようとしている様子を実習記録表やポートフォリオの記述内容から評価することが考えられる。

自らの学習を調整しようとする側面については，学習前に見通しをもったり，学習後に振り返ったりすることがポイントとなる。児童が具体的な目標をもち，一つ一つを自分自身の力で解決し，自信を高めながら進めることが大切である。そのためには，学習前後の比較ができるようなワークシートを作成し，自分の成長を自覚し，学びの過程の振り返りができるようにする。自らの学習を調整しようとする側面は，「主体的・対話的で深い学び」の視点からの授業改善を図る中で，自らの学習の調整を行う場面を設定し，適切に評価することが大切である。例えば，対話的な学びにより，自分だけでは調整できなかったところを他の児童とともに調整できることに気付くようにすることが考えられる。

③の実践しようとする態度については，実践を通して意欲が高まり，新たな課題を見つけたり，日常生活において活用しようとする姿に表れたりすることから，評価を行う場面を題材の終わりに設定することなどが考えられる。

なお，この観点については，複数の題材を通して，ある程度の時間のまとまりの中で評価することも考えられる。

〈筒井 恭子〉

# Ⅳ

# 授業づくりモデルプラン15

# はじめよう　家庭科
## ～よりよい家庭生活を目指して～

A(1)ア

### 1 題材について

「A 家族・家庭生活」の(1)「自分の成長と家族・家庭生活」については，第４学年までの学習を踏まえ，２学年間の学習の見通しをもたせるガイダンスとして第５学年のはじめに位置付けるとともに，学期や学年の終わりにも，A～C の内容と関連させて扱っている。

本題材「はじめよう　家庭科」のガイダンスにおいては，最初に第４学年までの学習を振り返り，家庭生活と家族の大切さや，家庭生活が家庭の協力によって工夫して営まれていることに気付くようにしている。次に，児童一人一人が「なりたい自分」や「よりよい家庭生活」について考え，友達との対話を通して生活の営みに係る家族や地域の人々との協力，健康・快適・安全，持続可能な社会の構築等の視点から家庭生活を見直し，日常生活における様々な問題の解決に向けて工夫することが大切であることに気付くようにしている。さらに，学期や学年の終わりなど学習の区切りの時期に学習の成果を振り返ることを通して，自分の成長への気付きが段階的に深まる構成となっている。

### 2 題材の目標

(1) 自分の成長を自覚し，家庭生活と家族の大切さや家庭生活が家族の協力によって営まれていることに気付く。
(2) 家族の一員として，生活をよりよくしようと，２学年間の学習に見通しをもち，課題の解決に向けて主体的に取り組んだり，振り返って改善したりして，生活を工夫し，実践しようとする。

### 3 題材の評価規準

| 知識・技能 | 思考・判断・表現 | 主体的に学習に取り組む態度 |
|---|---|---|
| 自分の成長を自覚し，家庭生活と家族の大切さや家庭生活が家族の協力によって営まれていることに気付いている。 | | 家族の一員として，生活をよりよくしようと，２学年間の学習に見通しをもち，課題の解決に向けて主体的に取り組んだり，振り返って改善したりして，生活を工夫し，実践しようとしている。 |

## 4 指導と評価の計画 **4時間**

〔1〕自分と家族のつながりを見つめよう………………(本時 2/2) 2時間（第５学年はじめ）
〔2〕家庭の仕事を通して，成長をふり返ろう（省略）………1時間（1，2学期の終わり）
〔3〕１年間の自分の成長をふり返ろう…………………………………1時間（第５学年終わり）

| 次時 | ○ねらい・学習活動 | 評価規準・評価方法 | | |
|---|---|---|---|---|
| | | 知識・技能 | 思考・判断・表現 | 主体的に学習に取り組む態度 |
| 〔1〕<br>1 | ○これまでの自分の生活を振り返り，家庭生活と家族の大切さや家庭生活が家族の協力によって営まれていることに気付き，２学年間の家庭科学習の見通しをもつことができる。<br>・自分と家族のつながりを見つめ，家庭生活の営みについて考え，発表し合う。<br>・２学年間の家庭科の学習と結び付けながら，「なりたい自分」について考える。 | ①これまでの自分の成長を自覚し，家庭生活と家族の大切さや家庭生活が家族の協力によって営まれていることに気付いている。<br>・ワークシート<br>・自己評価カード | | |
| 2<br>本時 | ○日常生活における様々な問題について，家族や地域の人々との協力，健康・快適・安全，持続可能な社会の構築等を視点として考えることの大切さに気付くことができる。<br>・よりよい家庭生活について考え，付箋に記入する。<br>・グループで意見交流し，よりよい家庭生活を実現するために大切なことをキーワードとしてまとめる。<br>・全体で話し合い，よりよい家庭生活を実現するための視点について整理する。 | ②日常生活における様々な問題について，家族や地域の人々との協力，健康・快適・安全，持続可能な社会の構築等を視点として考えることの大切さについて気付いている。<br>・ワークシート | | ①自分の成長と家族・家庭生活について，２学年間の学習に見通しをもち，課題の解決に向けて主体的に取り組もうとしている。<br>・ポートフォリオ<br>・行動観察 |
| 〔2〕 | 夏休みに挑戦！「できる」を増やそう，家庭の仕事　A(2)と関連<br>お正月を工夫してむかえよう，家庭の仕事　A(4)と関連 | | | ②自分の成長と家族・家庭生活について，課題解決に向けた一連の活動を振り返って改善しようとしている。<br>・ポートフォリオ<br>・行動観察 |
| 〔3〕<br>1 | ○第５学年の家庭科学習を振り返り，自分の成長を自覚し，家庭生活と家族の大切さに気付く。<br>・自己評価カードに記入し，自分の成長や家庭生活について気付いたことを話し合う。<br>・「もっとできるようになりたいこと」をワークシートに記入し，第６学年の学習の見通しをもつ。 | ③家庭科の学習における自分の成長を自覚し，家庭生活と家族の大切さに気付いている。<br>・ワークシート<br>・自己評価カード | | ③自分の成長と家族・家庭生活について，よりよい生活を工夫し実践しようとしている。<br>・ポートフォリオ<br>・行動観察 |

## 5 本時の展開〔1〕(2/2時間)

(1) **小題材名**　自分と家族のつながりを見つめよう

(2) **ねらい**　日常生活における様々な問題について，家族や地域の人々との協力，健康・快適・安全，持続可能な社会の構築等を視点として考えることの大切さに気付くことができる。

(3) **展　開**

| 時(分) | 学習活動 | ・指導上の留意点<br>評価規準　(評価方法) |
|---|---|---|
| 5 | 1　本時のめあてを確認する。<br>よりよい家庭生活について考えよう。 | ・よりよい家庭生活をイメージできない児童には，「自分にとっての幸せ」など，児童の実態に応じて言葉を選び，どのような家庭生活を送りたいのかについて考えることができるようにする。 |
| 10<br><br><br><br><br>15<br><br><br><br><br>10 | 2　各自がよりよい家庭生活について考え，付箋に記入する。<br>〈児童の記入例〉<br>・家族がみんな笑顔の生活<br>・病気やけがのない健康な生活<br>・ゆっくり安心して眠れる生活　など<br><br>3　グループで意見交流し，よりよい家庭生活を実現するために大切なことをキーワードとしてまとめる。<br>〈グループのキーワード例〉<br>・なかよし・助け合い<br>・健康　・安心　・清潔　・安全<br>・豊かさ・自由・自分らしさ　など<br><br>4　全体で話し合い，よりよい家庭生活を実現するための視点について整理する。<br>協力　健康　快適　安全<br>お金・もの　環境　生活文化 | ・できるだけ児童の言葉を大切にし，児童同士が話し合い，まとめるようにする。<br>・3～4人の小グループで，付箋を用いて，意見を比較できるようにする。<br>・心の豊かさや生活文化のよさの視点についても気付くようにする。<br>・キーワードをカード化し，これからの家庭科の学習の中で，課題を見つけたり，よりよい家庭生活を工夫したりする際に活用できるようにする。<br>**〔知識・技能〕**<br>②日常生活における様々な問題について，家族や地域の人々との協力，健康・快適・安全，持続可能な社会の構築等を視点として考えることの大切さに気付いている。<br>(ワークシート) |
| 5 | 5　本時の学習を振り返り，よりよい家庭生活について自分の考えをワークシートにまとめる。 | **〔主体的に学習に取り組む態度〕**<br>①自分の成長と家族・家庭生活について，2学年間の学習に見通しをもち，課題の解決に向けて主体的に取り組もうとしている。<br>(ポートフォリオ)(行動観察) |

### (4) 学習評価の工夫

本題材では，ガイダンスシートとして，２学年間の家庭科学習の見通しをもち，自分の成長を視覚的に実感できる自己評価カードや，よりよい生活を目指すための視点を児童と一緒に考え，話し合いながら整理するためのワークシート，学習後の振り返りを記録するポートフォリオを作成している。

本時の「知識・技能」の評価規準②については，よりよい生活を目指すための視点について考える場面で，ワークシートの記述内容から評価している。よりよい家庭生活に向けて，日常生活における様々な問題を家族や地域の人々との協力，健康・快適・安全，持続可能な社会の構築等を視点として解決に向けて工夫することの大切さについて記述している場合を「おおむね満足できる」状況（B）と判断した。その際,「努力を要する」状況（C）と判断される児童に対しては，友達の考えの中から共感できるものを選び，ワークシートに記入し，よりよい家庭生活を工夫することの大切さに気付くようにする。

「主体的に学習に取り組む態度」の評価規準①については，授業を振り返る場面で，ポートフォリオの記述内容及び行動観察から評価している。よりよい家庭生活について自分なりの考えをもち，友達の考えと比較しながら，それを実現するために大切なことについて粘り強く考えようとしている場合を「おおむね満足できる」状況（B）と判断した。

### ◆評価に関する資料

ワークシートの一部
「知識・技能」②の「おおむね満足できる」状況（B）の記述例

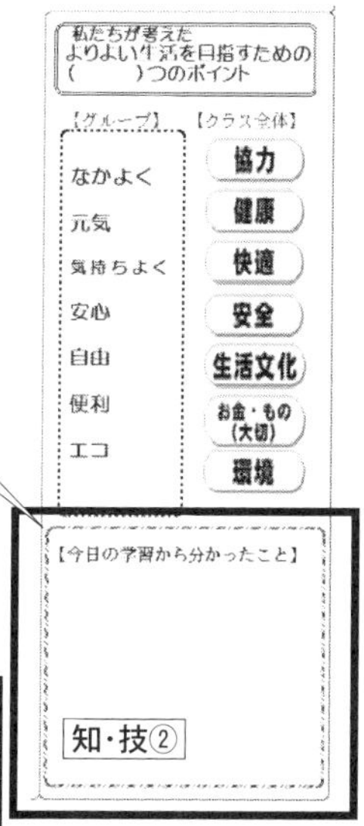


【今日の学習から分かったこと】
よりよい生活を目指すためには，家族との協力や健康，快適，安全だけでなく，環境などいろいろな視点から考えて工夫することが大切だと分かった。

ポートフォリオの一部
「主体的に学習に取り組む態度」①の「おおむね満足できる」状況（B）の記述例

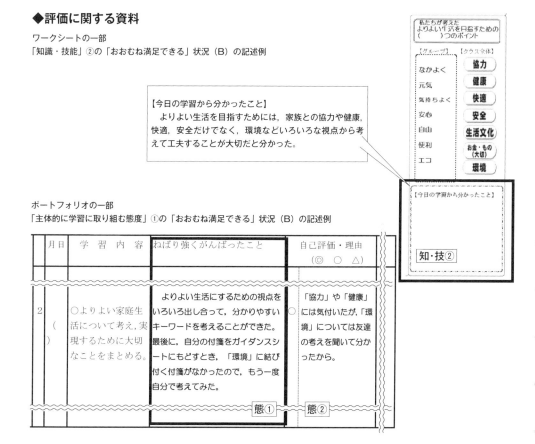

| 月日 | 学習内容 | ねばり強くがんばったこと | | 自己評価・理由（◎ ○ △） |
|---|---|---|---|---|
| 2（ ） | ○よりよい家庭生活について考え，実現するために大切なことをまとめる。 | よりよい生活にするための視点をいろいろ出し合って，分かりやすいキーワードを考えることができた。最後に，自分の付箋をガイダンスシートにもどすとき，「環境」に結び付く付箋がなかったので，もう一度自分で考えてみた。 態① | ○ | 「協力」や「健康」には気付いたが,「環境」については友達の考えを聞いて分かったから。 態② |

## 6 主体的・対話的で深い学びの実現に向けた授業づくりのポイント

### (1) 各学習過程における学習指導の工夫

**見つめる**

**〔1〕自分と家族のつながりを見つめよう　（1時間目）　主体的な学びの視点**

自分の成長を支えている家庭生活の営みを振り返り，イメージマップに表しながら考えを広げられるようにしている。このことにより，調理や製作以外の家庭科学習への興味や関心を高め，児童一人一人が学ぶ意義を自覚し，2 学年間の見通しをもって主体的に学習に取り組むことができるようにしている。

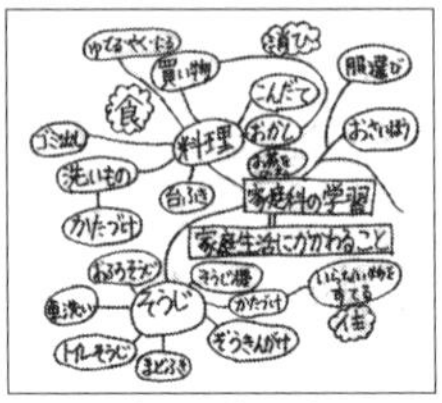

イメージマップの一部

**これからの学習を見通す**

**（2 時間目）　対話的な学びの視点**

自分が考えるよりよい家庭生活について付箋に記入し，小グループで意見交流し，よりよい家庭生活を実現するために大切なことをキーワードとしてまとめる活動を取り入れている。自分の考えと友達の考えの共通点や相違点を見つけ，精選したり，グルーピングしてタイトルを付けたりすることを通して，よりよい家庭生活に対する考えを広げたり深めたりすることができるようにしている。

小グループでの話合い

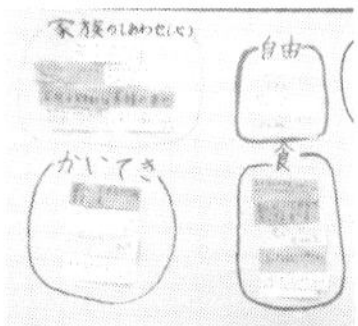

グループのキーワード例

**生かす**

**〔2〕家庭の仕事を通して，成長をふり返ろう　（1時間）　対話的な学びの視点**

1・2学期の終わりに家庭での実践の場を設けることで，家族や身近な人々などとの会話を通して考えを明確にしたり，実践後の家族からのコメントを通して自分の成長を実感したりできるようにしている。

**振り返る**

**〔3〕1 年間の自分の成長をふり返ろう　（1 時間）　主体的な学びの視点**

自分の成長を自己評価カードで振り返り，「もっとできるようになりたいこと」をワークシートに記入し，第６学年の学習の見通しをもてるようにしている。

**深い学びの視点**　ガイダンスでは生活の営みに係る見方・考え方につながる「よりよい家庭生活を実現するための視点」を自分たちで整理し，家庭科の学習の中で活用できるようにしている。これからの題材で「協力」「健康･快適･安全」「生活文化の大切さ」「持続可能な社会の構築」等の視点から生活を見つめて課題を設定したり，解決方法を考えたり，実践を振り返って評価・改善したりすることで，これらの視点が概念化に向かって質的に高まり，より深い学びにつながるようにしている。

### (2) 家庭との連携

ワークシートの振り返りの中に「家族からのコメント」の欄を設け，学年のはじめや終わりに，実践の様子や成長したことなどについて，家族からの感想や励ましをもらうようにしている。家族からの励ましは，家族の一員としての自覚や自信につながり，次の実践意欲を高める上で効果的である。

## 本題材で使用したワークシートや資料

### ワークシート

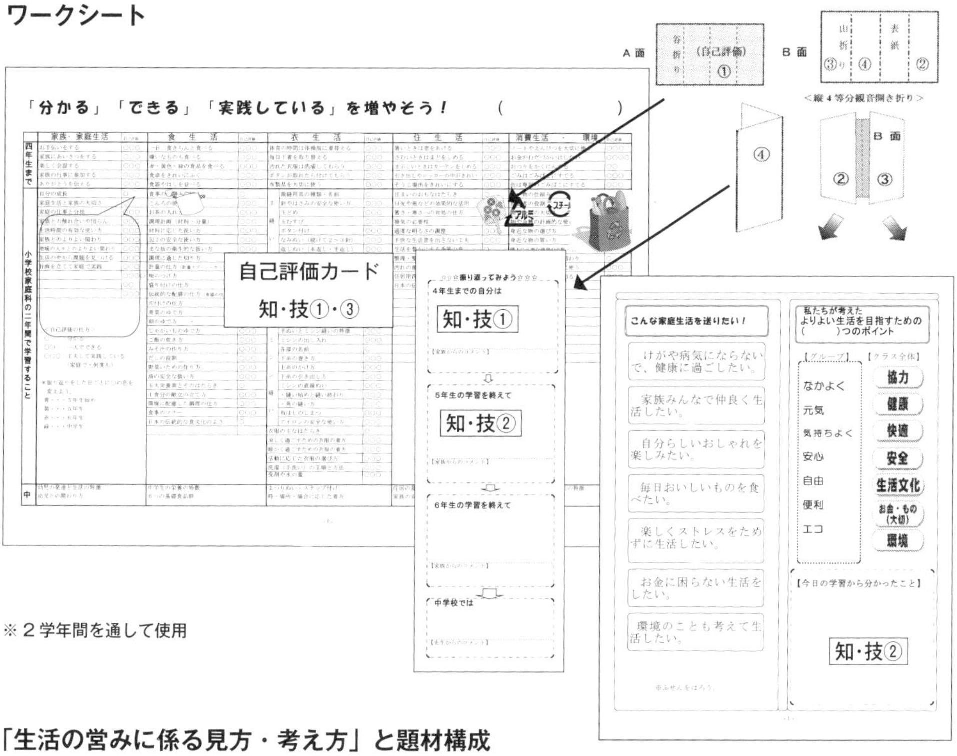


※２学年間を通して使用

### 「生活の営みに係る見方・考え方」と題材構成

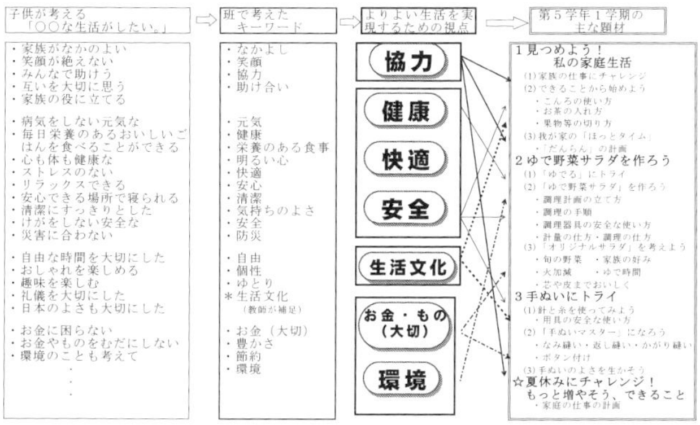


※〔1〕２時間目で使用

〈藤井 純子〉

# チャレンジしよう 家庭の仕事 プロジェクト1 ～自分にできる家庭の仕事を増やそう～

A(2)アイ

## 1 題材について

「A 家族・家庭生活」の(2)「家庭生活と仕事」については，衣食住に関わる実践ができるよう２学年間を見通して学期や学年の終わりに，三つの題材（プロジェクト１～3)を配列し，最後に，A(4)「家族･家庭生活についての課題と実践」の題材を設定している。

本題材（プロジェクト１）は，第５学年のはじめに生活時間の使い方と関連付けて扱い，家族の一員として，自分の分担する家庭の仕事について課題を設定し，その解決に向けて，計画を立てて夏季休業中に家庭で実践し，評価・改善する構成となっている。

「家庭生活と仕事」に関する２学年間を見通した題材配列

| 時期 | | 題材名 | 時数 | 内容 | 関連を図る学習内容等 |
|---|---|---|---|---|---|
| 第5学年 | 7月<br>9月 | チャレンジしよう 家庭の仕事 プロジェクト１<br>～自分にできる家庭の仕事を増やそう～ | 5 | A(2)<br>アイ | ○家庭の仕事と生活時間，家庭の仕事の計画と工夫<br>「ゆでる調理，手縫い，整理・整頓」 |
| | 12月<br>1月 | チャレンジしよう 家庭の仕事 プロジェクト２<br>～分担する家庭の仕事をくふうしよう～ | 2 | A(2)<br>イ | 「ミシン縫い，米飯及びみそ汁の調理」 |
| 第6学年 | 7月<br>9月 | チャレンジしよう 家庭の仕事 プロジェクト３<br>～家庭の仕事計画を見直そう～ | 2 | A(2)<br>イ | 「買物，団らん，いためる調理，清掃の仕方」 |
| | 12月<br>1月 | チャレンジしよう 家庭の仕事 プロジェクト４<br>～我が家のお正月に向けてチャレンジしよう～ | 3 | A(4) | ○家族・家庭生活についての課題と実践<br>「プロジェクト１～3で学習した家庭の仕事」 |

## 2 題材の目標

(1) 家庭には，家庭生活を支える仕事があり，互いに協力し分担する必要があることや生活時間の有効な使い方について理解する。

(2) 家庭の仕事について問題を見いだして課題を設定し，様々な解決方法を考え，実践を評価・改善し，考えたことを表現するなどして課題を解決する力を身に付ける。

(3) 家族の一員として，生活をよりよくしようと，家庭の仕事について，課題の解決に主体的に取り組んだり，振り返って改善したりして，生活を工夫し，実践しようとする。

## 3 題材の評価規準

| 知識・技能 | 思考・判断・表現 | 主体的に学習に取り組む態度 |
|---|---|---|
| 家庭には，家庭生活を支える仕事があり，互いに協力し分担する必要があることや生活時間の有効な使い方について理解している。 | 家庭の仕事について問題を見いだして課題を設定し，様々な解決方法を考え，実践を評価・改善し，考えたことを表現するなどして課題を解決する力を身に付けている。 | 家族の一員として，生活をよりよくしようと，家庭の仕事について課題の解決に主体的に取り組んだり，振り返って改善したりして，生活を工夫し，実践しようとしている。 |

## 4 指導と評価の計画 5時間

〔1〕家庭の仕事や生活時間について調べよう ………………………………… 2時間

〔2〕家庭の仕事にチャレンジしよう ………………………………………(本時3/3) 3時間

| 次時 | ○ねらい・学習活動 | 評価規準・評価方法 | | |
|---|---|---|---|---|
| | | 知識・技能 | 思考・判断・表現 | 主体的に学習に取り組む態度 |
| 〔1〕<br>1 | ○家庭には，家庭生活を支える仕事があり，互いに協力し分担する必要があることを理解することができる。<br>・家庭の仕事を調べたり，観察したりして，家庭にはどのような仕事があるか話し合う。<br>・モデル家族の家庭の仕事について気付いたことを発表する。 | ①家庭には，衣食住に関する仕事があり，互いに協力し分担する必要があることを理解している。<br>・ワークシート | | ①家庭の仕事について，課題の解決に向けて主体的に取り組もうとしている。<br>・ワークシート<br>・行動観察 |
| 2 | ○生活時間の有効な使い方について理解することができる。<br>・モデル家族の生活時間について気付いたことを話し合い，問題点を発表し合う。<br>・家族と自分の生活時間の使い方を比較し，気付いたことを発表し合う。<br>・生活時間の有効な使い方をまとめる。 | ②生活時間の有効な使い方について理解している。<br>・ワークシート | | |
| 〔2〕<br>1 | ○自分の分担する家庭の仕事について課題を設定することができる。<br>・自分の分担する仕事について，チェックシート（できるようになったことやレベルが確認できる）を使って問題を見いだし，課題を設定する。<br>〈課題の例〉<br>・ゆでる調理で朝ごはんの一品をつくろう<br>・整理・整頓でみんなの使う部屋をきれいにしよう<br>など | | ①家庭の仕事について問題を見いだし，課題を設定することができる。<br>・ワークシート<br>・計画・実践記録表 | ②家庭の仕事について，課題の解決に向けた一連の活動を振り返って改善しようとしている。<br>・ワークシート<br>・行動観察 |
| 2 | ○家庭の仕事実践に向けて計画を工夫することができる。<br>・仕事の実践計画を立てる。<br>・仕事の実践計画をグループで発表し，アドバイスをし合う。<br>・アドバイスをもとに，各自の仕事の実践計画を改善する。 | | ②家庭の仕事実践に向けて計画を考え，工夫している。<br>・計画・実践記録表 | |
| | 夏休みに家庭実践 | | | |

| | | | | |
|---|---|---|---|---|
| 3<br>本時 | ○家庭の仕事実践を振り返り，実践計画を評価したり，改善したりすることができる。<br>・家庭の仕事実践について計画・実践記録表にまとめ，グループの実践発表会で発表する。<br>・発表会でのアドバイスを生かして仕事の実践計画を改善する。 | | ④家庭の仕事についての課題解決に向けた一連の活動について，考えたことを分かりやすく表現している。<br>・計画・実践記録表<br>・行動観察<br>③家庭の仕事について，実践を評価したり，改善したりしている。<br>・計画・実践記録表 | ③家庭の仕事について工夫し，実践しようとしている。<br>・ワークシート<br>・行動観察 |

## 5 本時の展開〔2〕（3/3 時間）

⑴ **小題材名** 家庭の仕事にチャレンジしよう

⑵ **ねらい** 家庭の仕事実践を振り返り，実践計画を評価したり，改善したりすることができる。

⑶ **展 開**

| 時（分） | 学習活動 | ・指導上の留意点<br>評価規準 （評価方法） |
|---|---|---|
| 5 | 1 本時のめあてを確認する。<br>家庭の仕事実践を振り返ろう。 | |
| 15<br><br><br><br><br><br><br>10<br><br><br>10 | 2 各自の家庭の仕事実践について，計画・実践記録表にまとめ，グループで発表し合う。<br>① 実践した仕事，手順<br>② 工夫したこと<br>③ 計画通りできたこと・できなかったこと<br>④ 家族からのコメント<br>3 友達の発表を聞き，工夫していることやアドバイスしたいことを付箋に記入し，交換する。<br>4 各自の仕事の実践計画を見直し，改善した計画を発表し合う。 | 〔思考・判断・表現〕<br>④家庭の仕事についての課題解決に向けた一連の活動について，考えたことを分かりやすく表現している。<br>（計画・実践記録表）（行動観察）<br>・家庭の仕事には様々な方法があることに気付かせる。<br>〔思考・判断・表現〕<br>③家庭の仕事について，実践を評価したり，改善したりしている。<br>（計画・実践記録表）<br>・計画通りいかなかった児童には，その理由を考えたり，他の児童の発表や家族からのコメントを参考に改善点を考えたりするよう助言する。 |
| 5 | 5 本時の学習を振り返り，チェックシートを参考に，今後取り組んでみたい仕事について考える。 | ・家庭の仕事の工夫をこれからの生活で生かすよう助言し，実践への意欲を高める。 |

〔主体的に学習に取り組む態度〕
③家庭の仕事について工夫し，実践しようとしている。
（ワークシート）（行動観察）

### ⑷ 学習評価の工夫

本題材では，一連の学習活動（仕事の計画，実践，評価・改善）について記録できる計画・実践記録表を作成している。

本時の「思考・判断・表現」の評価規準③については，自分の仕事の計画を見直す場面で，計画・実践記録表の記述内容から評価している。実践を振り返って，仕事の手順や工夫について評価し，友達のアドバイスを参考に改善点を記述している場合を「おおむね満足できる」状況（B）と判断した。その際，「努力を要する」状況（C）と判断される児童に対しては，同様の仕事に取り組んでいる児童の発表を参考に改善点を見いだすことができるように助言する。計画したこと以外に工夫して実践したり，家族のことを考えた具体的な方法を記述している場合を「十分満足できる」状況（A）と判断することが考えられる。

「思考・判断・表現」の評価規準④については，家庭の仕事実践についてまとめ，発表する場面で，計画・実践記録表の記述内容や行動観察から評価している。実践した仕事の手順や工夫などについて図や言葉で適切にまとめて発表している場合を「おおむね満足できる」状況（B）と判断した。

「主体的に学習に取り組む態度」の評価規準③については，本時の学習を振り返る場面で，計画・実践記録表の記述内容及び行動観察から評価している。改善した計画をこれから実践しようとする記述が見られる場合を「おおむね満足できる」状況（B）と判断した。

### ◆評価に関する資料

計画・実践記録表の一部

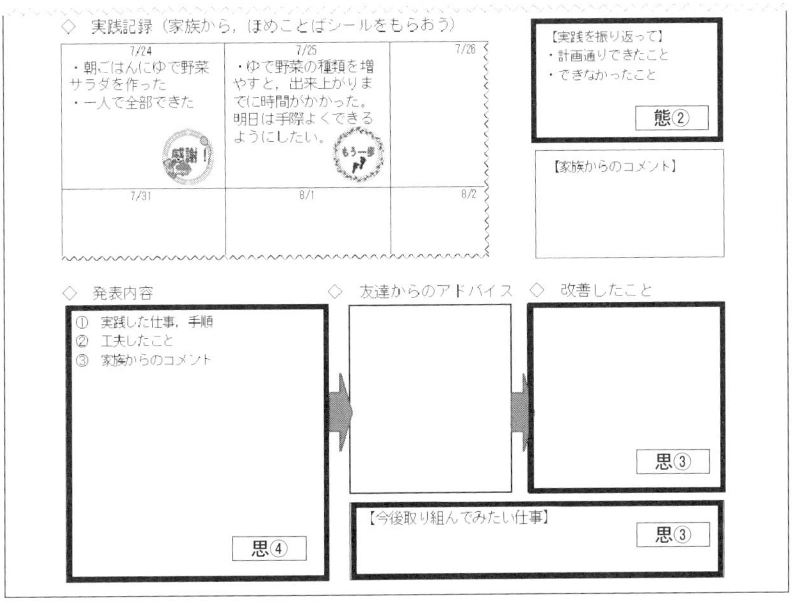

## 6 主体的・対話的で深い学びの実現に向けた授業づくりのポイント

### (1) 各学習過程における学習指導の工夫

**生活の課題発見**

**〔1〕家庭の仕事や生活時間について調べよう（1・2時間目）** 主体的な学びの視点

モデル家族の生活を基に家庭の仕事や生活時間の使い方について考えることで，家庭の仕事を互いに協力して分担する必要があることや生活時間の有効な使い方について理解し，家庭の仕事に関心をもつことができるようにしている。

**〔2〕家庭の仕事にチャレンジしよう　　（1時間目）**

これまで学習を通してできるようになったことをチェックシートに記録している。それを基に自分の分担する仕事について問題点を見いだし，課題を設定できるようにしている。

**解決方法の検討と計画**

**（2時間目）** 対話的な学びの視点

分担する仕事については，「手順」「工夫すること」などについて実践計画を立て，グループで交流している。交流する際，互いにアドバイスし合うようにすることで，仕事の実践計画を改善できるようにしている。

交流の様子

**課題解決に向けた実践活動**

実践の様子

家族の評価（ほめことばシール）

**実践活動の評価・改善**

**（3時間目）** 対話的な学びの視点　主体的な学びの視点

- 実践発表会では，計画・実践記録表を基に継続実践して感じたことや実践する上で工夫したことなどを交流している。
- 仕事実践について家族からコメントやほめことばシールをもらうことで，新たな視点から実践を振り返ることができるようにしている。
- 友達が継続している取組を知ることで，「自分にもできそうだ」「我が家にも取り入れてみよう」という意欲が高まり，今後取り組む家庭の仕事について，より具体的に見直すことができるようにしている。

**深い学びの視点** 題材を通して，生活の営みに係る見方・考え方のうち，「協力」の視点を意識できるようにしている。家庭生活を支える仕事については，自分が計画して実践することにより，分担の大切さや協力の喜びを実感することができるようにしている。その際，友達からの評価だけでなく，家族からの評価も得られるようにすることで，実践する意欲を高めることができるようにしている。このように家庭での実践を通して，実感を伴って「協力」という概念の形成を促すことがポイントとなる。

### ⑵ ICTの活用

本題材では，モデル家族の生活時間や，自分と家族の生活時間の使い方を比較する場面で，タブレット端末を活用している。生活時間の使い方を見直す際に，自分が家庭の仕事を増やすと，他の家族の時間にも余裕ができることや，家族と過ごす時間が増えることなどを簡単にシミュレーションすることができ，効果的である。

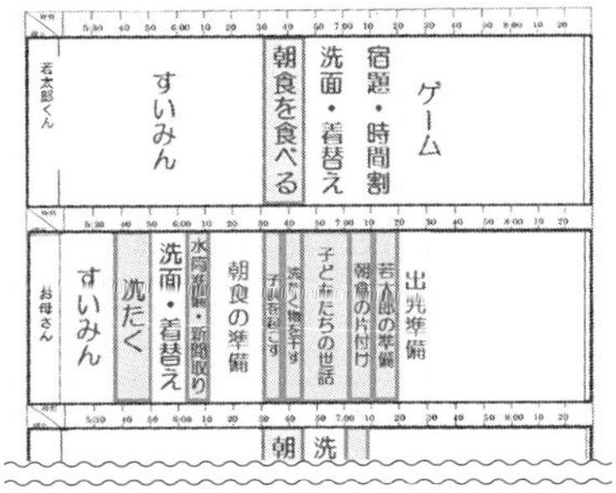

モデル家族の生活時間

### ⑶ 家庭との連携

家庭の仕事に関心をもたせるために，家族に家庭の仕事の観察やインタビューを行ったり，家庭実践の機会を複数回設けたりしている。その際，家庭の協力を得るために，家庭科の学習を通して身に付ける知識や技能などについて情報を発信している。また，家庭実践については，家族に「ほめことばカード」や「ほめことばシール」を活用して評価し，称賛してもらっている。教師，児童だけでなく，家族が評価を共有することにより，児童が自分の成長を実感し，継続的に実践できるようにしている。

## 本題材で使用したワークシートや資料

### ①計画・実践記録表の一部

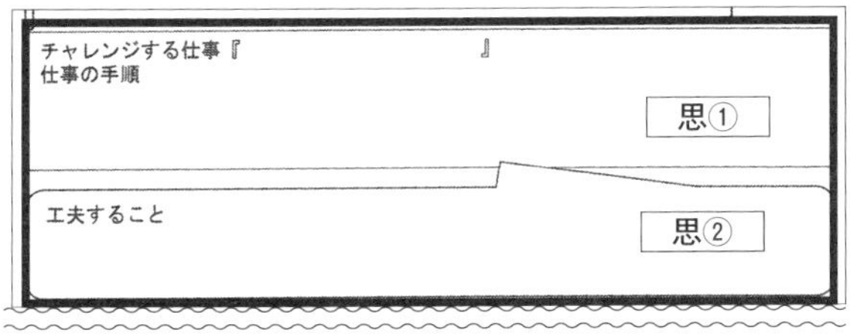
チャレンジする仕事『　　　　　　』
仕事の手順
思①
工夫すること
思②

※〔2〕1～3時目で使用

### ②チェックシート

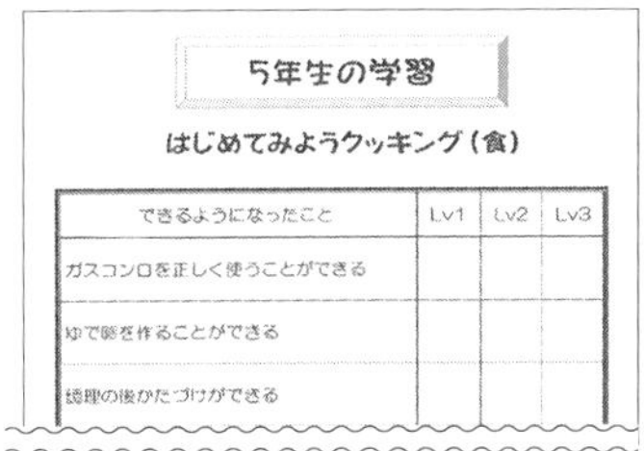
5年生の学習

はじめてみようクッキング（食）

| できるようになったこと | Lv1 | Lv2 | Lv3 |
|---|---|---|---|
| ガスコンロを正しく使うことができる | | | |
| ゆで卵を作ることができる | | | |
| 調理の後かたづけができる | | | |

※〔2〕1～3時目で使用

### ③ほめことばカード

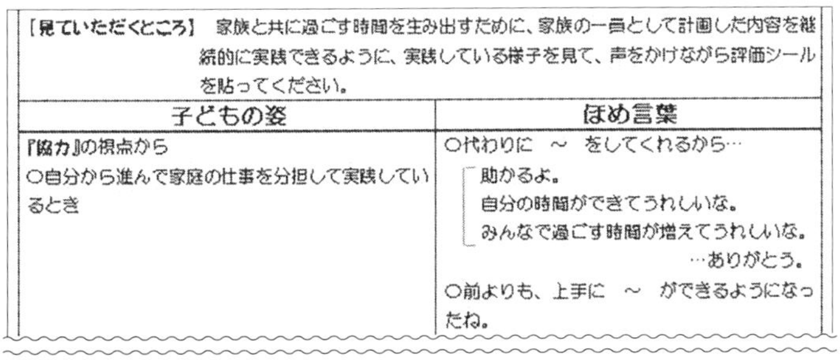
【見ていただくところ】 家族と共に過ごす時間を生み出すために，家族の一員として計画した内容を継続的に実践できるように，実践している様子を見て，声をかけながら評価シールを貼ってください。

| 子どもの姿 | ほめ言葉 |
|---|---|
| 『協力』の視点から<br>○自分から進んで家庭の仕事を分担して実践しているとき | ○代わりに　～　をしてくれるから…<br>助かるよ。<br>自分の時間ができてうれしいな。<br>みんなで過ごす時間が増えてうれしいな。<br>…ありがとう。<br>○前よりも，上手に　～　ができるようになったね。 |

※家庭実践で使用

〈竹上 優希〉

# 一年生となかよくなろう

A (3)ア(イ)イ

## 1 題材について

本題材は,「A 家族・家庭生活」の(3)「家族や地域の人々との関わり」のアの(イ)「地域の人々との関わり」とイとの関連を図り,低学年児童との関わり方について扱っている。また,図のように特別活動等との関連を図っている。第６学年児童と低学年児童との日々の関わりから課題を設定し,その解決に向けてアクションプランを考え,掃除や学校給食の時間での実践を通して関わり方を工夫し,評価・改善する題材構成になっている。

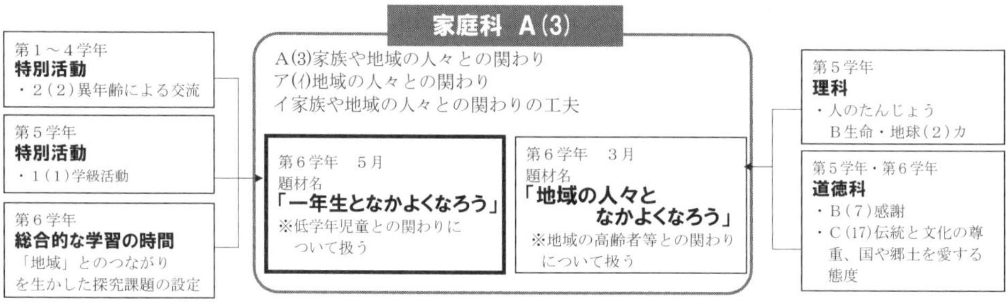


題材と他教科等との関連

## 2 題材の目標

(1) 家庭生活は地域の人々との関わりで成り立っていることが分かり,地域の人々との協力が大切であることを理解する。

(2) 地域の人々（低学年の児童）とのよりよい関わりについて問題を見いだして課題を設定し,様々な解決方法を考え,実践を評価・改善し,考えたことを表現するなどして課題を解決する力を身に付ける。

(3) 家族の一員として,生活をよりよくしようと,地域の人々（低学年の児童）とのよりよい関わりについて課題の解決に主体的に取り組んだり,振り返って改善したりして,生活を工夫し,実践しようとする。

## 3 題材の評価規準

| 知識・技能 | 思考・判断・表現 | 主体的に学習に取り組む態度 |
|---|---|---|
| 家庭生活は地域の人々との関わりで成り立っていることが分かり，地域の人々との協力が大切であることを理解している。 | 地域の人々（低学年の児童）とのよりよい関わりについて問題を見いだして課題を設定し，様々な解決方法を考え，実践を評価・改善し，考えたことを表現するなどして課題を解決する力を身に付けている。 | 家族の一員として，生活をよりよくしようと，地域の人々（低学年の児童）とのよりよい関わりについて課題の解決に主体的に取り組んだり，振り返って改善したりして，生活を工夫し，実践しようとしている。 |

## 4 指導と評価の計画 5時間

〔1〕家庭生活と地域の人々とのつながりについて考えよう……………………………1時間

〔2〕一年生との関わり方を工夫しよう………………………………………………(本時1·2/2) 2時間

課外：アクションプランに基づいて一年生と交流しよう

〔3〕一年生との関わり方を振り返ろう………………………………………………………2時間

| 次時 | ○ねらい・学習活動 | 評価規準・評価方法 | | |
|---|---|---|---|---|
| | | 知識・技能 | 思考・判断・表現 | 主体的に学習に取り組む態度 |
| 〔1〕<br>1 | ○家庭生活が，地域の人々との関わりで成り立っていることや地域の人々との協力の大切さが分かり，一年生との関わり方について課題を設定することができる。<br>・他教科等で行った交流活動等を振り返って，家庭生活と地域とのつながりや地域の人々との協力について話し合う。<br>・一年生との日常的な関わりを振り返り，もっと仲良くなるために，関わり方について問題を見いだし，課題を設定する。 | ①家庭生活は地域の人々との関わりで成り立っていることが分かり，地域の人々との協力が大切であることを理解している。<br>・ワークシート<br>**指導に生かす評価** | ①一年生との関わり方について問題を見いだし，課題を設定することができる。<br>・ワークシート | ①一年生とのよりよい関わり方について，課題の解決に向けて主体的に取り組もうとしている。<br>・ワークシート<br>・行動観察 |
| 〔2〕<br>1<br><br>2 | ○掃除や学校給食の後片付けにおける一年生との関わり方について，アクションプランを考え，工夫することができる。<br>・一年生と今の自分とを比べ，気付いたことを発表する。<br>・掃除や学校給食の後片付けについてアクションプランを作成する。<br>・一年生の担任に日頃工夫していることなどをインタビューする。<br>・グループで，アクションプランを改善して発表する。 | | ②一年生とのよりよい関わり方について，アクションプランを考え，工夫している。<br>・計画・実践記録表 | ②一年生とのよりよい関わり方について，課題解決に向けた一連の活動を振り返って改善しようとしている。<br>・計画・実践記録表<br>・行動観察 |

| | | | | |
|---|---|---|---|---|
| 課外：アクションプランに基づいて掃除や学校給食の時間に一年生と交流する。 | | | | |
| 〔3〕<br>1<br>2 | ○一年生とのよりよい関わり方について発表し合い，評価・改善する。<br>・アクションプランに基づいた一年生とのこれまでの関わりついて発表し合う。<br>・よりよく関わるためにどのようにしたらよいかを考える。<br>・地域の人々との関係をよりよいものにするために，自分が協力できることについて考え，発表する。 | ①家庭生活は地域の人々との関わりで成り立っていることが分かり，地域の人々との協力が大切であることを理解している。<br>・ワークシート<br>**記録に残す評価** | ④一年生とのよりよい関わり方についての課題解決に向けた一連の活動について，考えたことを分かりやすく表現している。<br>・計画・実践記録表<br>・行動観察<br>③一年生とのよりよい関わり方について，アクションプランを評価したり，改善したりしている。<br>・計画・実践記録表 | ③一年生とのよりよい関わり方について工夫し，実践しようとする。<br>・行動観察 |

## 5 本時の展開〔2〕（1・2/2 時間）

(1) **小題材名**　一年生との関わり方を工夫しよう

(2) **ねらい**　掃除や学校給食の後片付けにおける一年生との関わり方について，アクションプランを考え，工夫することができる。

(3) **展　開**

| 時（分） | 学習活動 | ・指導上の留意点<br>評価規準　（評価方法） |
|---|---|---|
| 5 | 1　一年生の様子について，自分と違うところや気付いたことなどについて話し合う。 | ・事前に一年生と関わり，自分との違いや関わり方で難しかったことを記録しておく。 |
| 5 | 2　学習のめあてを確認する。<br>一年生が掃除や学校給食の後片付けができるようになるために，わたしたちはどのように関わるとよいのだろう。 | |
| 20 | 3　一年生が，掃除や学校給食の後片付けができるようになるためのアクションプランをグループごとに作成する。 | 〔思考・判段・表現〕<br>②一年生とのよりよい関わり方について，アクションプランを考え，工夫している。<br>（計画・実践記録表） |
| 10 | 4　アクションプランをグループごとに発表し合い，それぞれの工夫や共通点について話し合う。 | |
| 10 | 5　一年生の担任の先生から，日頃の一年生との関わり方やアクションプランについてのアドバイスを聞く。<br>【一年生担任からの改善の視点】<br>・言葉の選び方　・図や絵<br>・話すときの目線　など | ・一年生ができるようになるために，どのように関わるとよいのか考えるよう助言する。<br>・一年生の担任からのメッセージを視聴させ改善の視点について確認する。<br>〔主体的に学習に取り組む態度〕<br>②一年生とのよりよい関わり方につい |

| | | |
|---|---|---|
| 20<br>10 | 6　アクションプランをグループごとに見直し，改善する。<br>7　改善した点をグループごとに発表する。 | て，課題解決に向けた一連の活動を振り返って改善しようとしている。<br>（計画・実践記録表）（行動観察） |
| 10 | 8　本時の学習を振り返り，今後一年生との関わりに生かしたいことを考える。 | ・一年生との関わり方の工夫をこれからの生活で生かすよう助言し，実践への意欲を高める。 |

### (4)　学習評価の工夫

本時の「思考・判断・表現」の評価規準②については，一年生とのよりよい関わり方についてアクションプランを考え，工夫する場面で，計画・実践記録表の記述内容から評価している。掃除の仕方や学校給食の後片付けについて一年生に説明する際，絵や写真を用いたり，話し方を工夫したり，見本を示したりして関わり方を工夫している場合を「おおむね満足できる」状況（B）と判断した。その際，「努力を要する」状況（C）と判断される児童に対しては，一年生の様子を観察して特徴を確認したり，他の児童の関わり方を観察したりして，関わり方について具体的に考えることができるようにする。

「主体的に学習に取り組む態度」の評価規準②については，アクションプランについてグループで見直す場面で，計画・実践記録表の記述内容及び行動観察から評価している。一年生に説明する際，実際に見本を示したことはよかったが，一年生が分かったかどうかを確認できなかったと自己評価し，友達の発表を参考に，途中で確認するなど，計画を改善しようとしている場合を「おおむね満足できる」状況（B）と判断した。

### ◆評価に関する資料

**評価に関する資料　計画・実践記録表の一部**
**「思考・判断・表現②の「おおむね満足できる」状況（B）の記述例**

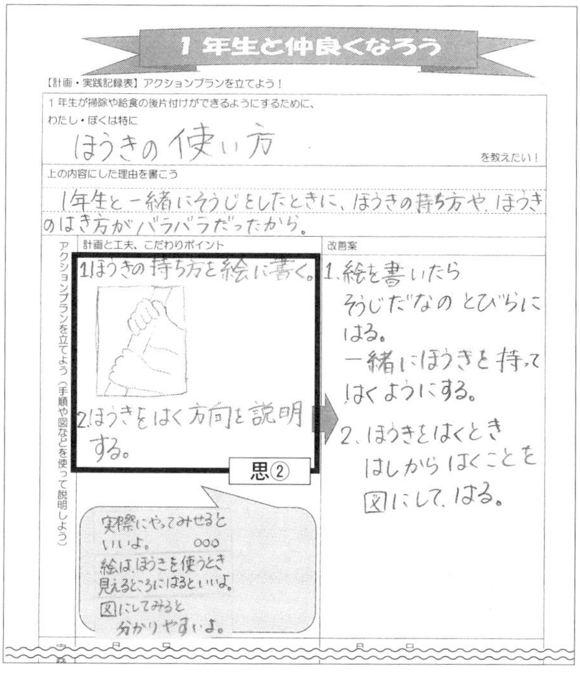

## 6 主体的・対話的で深い学びの実現に向けた授業づくりのポイント

### (1) 各学習過程における学習指導の工夫

**生活の課題発見**

**〔1〕家庭生活と地域の人々とのつながりについて考えよう (1時間目)** 主体的な学びの視点

入学後から縦割り掃除や学校給食の場面で関わっている一年生の様子を事前に観察することにより，協力の視点から，もっと仲良くなることが大切ではないか，六年生として一年生にどのように関わったらよいのかを児童自ら考えることができるようにした。

このことにより，課題意識をもち，主体的に学習活動に取り組むことができるようにしている。

**解決方法の検討と計画**

**〔2〕一年生との関わりを工夫しよう (2･3時間目)** 対話的な学びの視点

アクションプランの作成では，一年生とのこれまでの関わりの中でうまくいったことやうまくいかなかったことをグループで発表し合い，関わり方の工夫について意見を交流している。

日頃一年生と関わっている担任から話を聞くことにより，よりよい関わり方について考えを広げ深めることができるようにしている。

**課題解決に向けた実践活動**

交流活動の様子

**実践活動の評価・改善**

**〔3〕一年生との関わり方を振り返ろう (4時間目)** 対話的な学びの視点 主体的な学びの視点

- 掃除や学校給食での一年生との関わりを振り返り，一年生の様子を伝え合うことで，アクションプランの改善点を考え，グループで交流することができるようにしている。
- これからの登下校や運動会の応援団，集会活動などで，一年生とどのように関わったらよいかを考え，発表し合うことで，実践への意欲を高めることができるようにした。

**深い学びの視点** 題材を通して，生活の営みに係る見方・考え方のうち，「協力」を意識できるようしている。学校生活において，掃除の仕方や学校給食の後片付けについて一年生をサポートすることで，共に協力し助け合って生活することの大切さを実感できるようにしている。「協力」という概念の形成につなげるためには，他教科等との関連を図って実践し，一年生と繰り返し関わりをもつことがポイントとなる。

### ⑵ 他教科等との関連

本校では，日頃から特別活動や課外の時間における異年齢の児童との交流活動を大切にしている。一年生が入学する前から定期的に関わり，入学後も安全に留意しながら登下校を共にしたり，学校給食や掃除の場面で一年生の仕事を手伝ったりしている。これらの経験をもとに家庭科で一年生とのよりよい関わりや触れ合いについて考える。

家庭科の学びを特別活動や総合的な学習の時間，学校行事等に生かし，一年生と繰り返し関わることで，児童はよりよい関わり方について実感を伴って理解するとともに，協力し助け合って生活することの大切さを感じ取ることができるようにしている。

## 本題材で使用したワークシートや資料

### ①一年生との日常的な関わりで気付いたこと

掃除の時間
・ぞうきんをまっすぐかけるのが苦手。
・ほうきを上手に使うことができない。
学校給食の時間
・牛乳パックを開けるのが大変そう。
休み時間
・人なつっこく話しかけてくる。

※〔1〕1時間目で使用

### ②計画・実践記録表

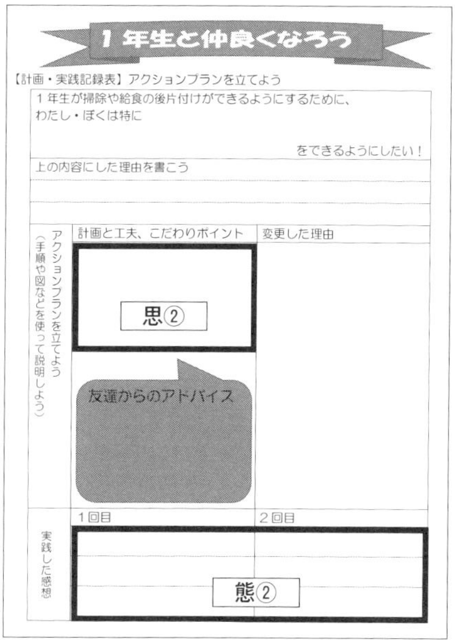


※〔2〕1～2時間目で使用

### ③アクションプランを作成する際に考えたこと

・手順を覚えられるよう歌にする。
・力が弱くてもやりやすい方法を考える。
・クイズにして伝える。
・「いい調子だね。」など，たくさん褒める。
・繰り返し練習する。

※〔2〕1～2時間目で使用

### ④アクションプランの例

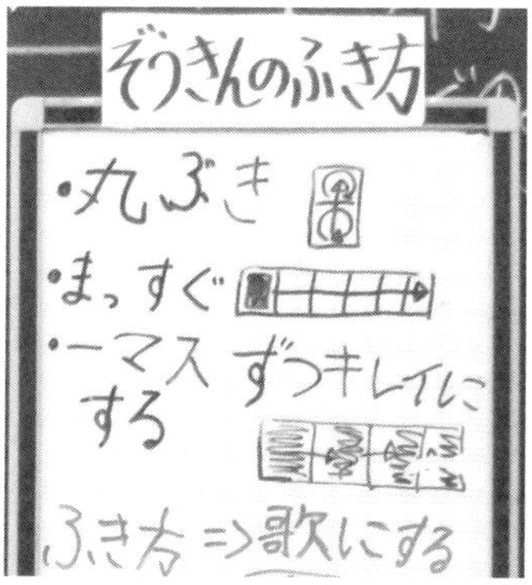


※〔2〕1～2時間目で使用

〈為國 たまみ〉

# 家族と「ワンチーム大作戦」

A (4)ア

## 1 題材について

本題材は，A (3)「家族や地域の人々との関わり」における「家族との触れ合いや団らん」の学習を基礎として，「B 衣食住の生活」の(2)「調理の基礎」，(5)「生活を豊かにするための布を用いた製作」で学習した内容との関連を図ったA (4)「家族・家庭生活についての課題と実践」の題材である。家族の思いや願いを知ることから，触れ合いや団らんについて課題を設定し，これまでの学習を生かして第６学年の 12 月に「ワンチーム大作戦」を計画し，１月に実践，評価・改善して，よりよく生活するために，新たな課題を見付けて主体的に取り組むことができるようにしている。

## 2 題材の目標

(1) 家族との触れ合いや団らんについて日常生活の中から問題を見いだして課題を設定し，様々な解決方法を考え，「ワンチーム大作戦」の計画を立てて実践した結果を評価・改善し，考えたことを表現するなどして課題を解決する力を身に付ける。
(2) 家族の一員として，生活をよりよくしようと，「ワンチーム大作戦」での家族との触れ合いや団らんについて，課題の解決に向けて主体的に取り組んだり，振り返って改善したりして，生活を工夫し，家庭などで実践しようとする。

## 3 題材の評価規準

| 知識・技能 | 思考・判断・表現 | 主体的に学習に取り組む態度 |
|---|---|---|
| | 家族との触れ合いや団らんについて，日常生活の中から問題を見いだして課題を設定し，様々な解決方法を考え，「ワンチーム大作戦」の計画を立てて実践した結果を評価・改善し，考えたことを表現するなどして課題を解決する力を身に付けている。 | 家族の一員として，生活をよりよくしようと，「ワンチーム大作戦」での家族との触れ合いや団らんについて，課題の解決に向けて主体的に取り組んだり，振り返って改善したりして，生活を工夫し，家庭などで実践しようとしている。 |

## 4 指導と評価の計画 4時間

〔1〕家族と「ワンチーム大作戦」を計画しよう……………………………………(本時 2/2) 2時間

〔2〕家族と「ワンチーム大作戦」を実践しよう………………………………………………… 2時間

| 次時 | ○ねらい・学習活動 | 評価規準・評価方法 | | |
|---|---|---|---|---|
| | | 知識・技能 | 思考・判断・表現 | 主体的に学習に取り組む態度 |
| | ※家族の触れ合いや団らんについて期待していることや家族みんなでやりたいことなどについて，家族へのインタビューを実施し，リサーチシートにまとめる。 | | | |
| 〔1〕<br>1 | ○「ワンチーム大作戦」に向けて，家族との触れ合いや団らんの中から問題を見いだし，課題を設定することができる。<br>・リサーチシートを基に，触れ合いや団らんの中から問題点を見いだす。<br>・家族の思いや願いを生かし，心のつながりに結び付くような課題を設定する。<br>問題点（△）と課題（◆）の例<br>母が子供の頃に祖母と白玉団子を作って，家族で食べて楽しかったと聞いた。(リサーチシート)<br>△私は母と一緒に調理をすることが，今まであまりなかった。<br>△最近，祖父母とあまり話していない。<br>→◆「家族との会話を楽しもう―思い出の味 大作戦―」 | | ①「ワンチーム大作戦」に向けて家族との触れ合いや団らんの中から問題を見いだして課題を設定している。<br>・リサーチシート<br>・計画・実践記録表 | ①「ワンチーム大作戦」での家族との触れ合いや団らんに関する課題の解決に向けて，主体的に取り組もうとしている。<br>・計画・実践記録表<br>・行動観察 |
| | ※家族と「ワンチーム大作戦」の計画を立てる。 | | | |
| 2<br>本時 | ○「ワンチーム大作戦」に向けて，家族との触れ合いや団らんの計画を工夫することができる。<br>・家族と立てた「ワンチーム大作戦」の計画を紹介し合う。<br>・家族の心のつながりが深まるような手立てを話し合う。<br>・「ワンチーム大作戦」の計画を見直し，計画・実践記録表に記入する。 | | ②「ワンチーム大作戦」での家族と触れ合いや団らんに関する課題の解決に向けて，よりよい生活を考え，計画を工夫している。<br>・計画・実践記録表 | ②「ワンチーム大作戦」での家族と触れ合いや団らんに関する課題解決に向けた一連の活動を振り返って改善しようとしている。<br>・計画・実践記録表<br>・行動観察 |
| | ※「ワンチーム大作戦」を実践し，家族からメッセージをもらう。 | | | |
| 〔2〕<br>3 | ○「ワンチーム大作戦」での家族との触れ合いや団らんの実践について，報告会で発表することができる。<br>・「ワンチーム大作戦」の実践や家族からのメッセージ等を，計画・実践記録表にまとめる。 | | ④「ワンチーム大作戦」での家族との触れ合いや団らんに関する課題解決に向けた一連の活動について，考えた | |

| | | | | |
|---|---|---|---|---|
| | ・同様の課題のグループで「ワンチーム大作戦」報告会を行い，発表する。 | | ことを分かりやすく説明したり，発表したりしている。<br>・計画・実践記録表 | |
| 4 | ○「ワンチーム大作戦」での実践を評価・改善し，新たな課題を見付けることができる。<br>・「ワンチーム大作戦」報告会を終えて，友達の意見などを参考に，自分の取組内容を評価・改善する。<br>・家族の心のつながりに結び付く，触れ合いや団らんに関する新たな課題を見付け，発表する。 | | ③「ワンチーム大作戦」での家族との触れ合いや団らんに関する課題の解決に向けて家庭で実践した結果を評価したり，改善したりしている。<br>・計画・実践記録表<br>・相互評価 | ③よりよい生活にするために，家族との触れ合いや団らんに関する新たな課題を見付け，家庭での次の実践に取り組もうとしている。<br>・計画・実践記録表<br>・行動観察 |

## 5 本時の展開〔1〕(2/2 時間)

**(1) 小題材名** 家族と「ワンチーム大作戦」を計画しよう

**(2) ねらい** 「ワンチーム大作戦」に向けて，家族との触れ合いや団らんの計画を工夫することができる。

**(3) 展　開**

| 時(分) | 学習活動 | ・指導上の留意点<br>評価規準 （評価方法） |
|---|---|---|
| 5 | 1 本時の学習のめあてをつかむ。<br>家族の心のつながりを深めるために，どんな工夫ができるか考えよう。 | ・事前に家族と「ワンチーム大作戦」の内容や方法について考え，計画を立てる。 |
| 10 | 2 家族と立てた「ワンチーム大作戦」の計画を，グループで紹介し合う。<br>課題（◆）と計画（Aさんの例）<br>◆「家族との会話を楽しもう―思い出の味大作戦―」<br>・母に作り方を教わりながら白玉団子を一緒に作る。(家族全員分)。<br>・私と姉でみんなのお茶を入れる。<br>・祖父母の昔のおやつの話を聞きながら，みんなで食べて楽しむ。<br>…… | ・同様の課題の児童による小グループを編成する。<br>・家族の誰と一緒に実践するのか，なぜその課題を設定したのか，その理由を明確にして紹介するように促す。 |
| 15 | 3 一人一人の「ワンチーム大作戦」の計画について，家族の心のつながり深まるような手立てをグループで話し合う。 | ・話し合う際に，「友達の計画のよさを認める」「よりよい計画にするためのアイディアを出し合う」ことを確認する。 |

| | | |
|---|---|---|
| | 会話を広げる手立て<br>・家族と盛り上がる話題は……？<br>明るい雰囲気にする手立て<br>・おそろいの物が喜ばれるかな？<br>家族で協力する手立て<br>・分担表を作ったらどうだろう。 | ・手立てを考えるための，ヒントコーナーを設ける。<br>・グループで出た意見の中からいくつかを取り上げ，全体で紹介する場を設ける。<br>〔主体的に学習に取り組む態度〕<br>②「ワンチーム大作戦」での家族との触れ合いや団らんに関する課題解決に向けた一連の活動を振り返って改善しようとしている。<br>（計画・実践記録表，行動観察） |
| 10 | 4 「ワンチーム大作戦」の計画を見直し，計画・実践記録表に記入する。<br>計画の見直し（Aさんの例）<br>・祖父母の思い出の味を予め聞いておいて，それも調理して出す。<br>・ヒントコーナーにあったコースターを，家族全員分作ってみる。<br>・準備から後片付けまでの分担表を作って貼る。 | ・計画・実践記録表に，改善点を追加するなど，学びの足跡を残すようにする。<br>〔思考・判断・表現〕<br>②「ワンチーム大作戦」で家族との触れ合いや団らんに関する課題の解決に向けて，よりよい生活を考え，工夫している。<br>（計画・実践記録表） |
| 5 | 5 本時の学習を振り返る。 | ・何人かの児童の発表によって，実践への意欲を高める。 |

### (4) 学習評価の工夫

本題材では，家族と「ワンチーム大作戦」の一連の学習活動（計画，実践，評価，改善）について記録できる計画・実践記録表を作成している。

本時の「思考・判断・表現」の評価規準②については，「ワンチーム大作戦」の計画を工夫する場面で，計画・実践記録表の記述内容から評価している。家族の心のつながりを深めるために，会話，雰囲気づくり，協力の視点から考え，計画を工夫している場合を「おおむね満足できる」状況（B）と判断した。その際，「努力を要する」状況（C）と判断される児童に対しては，友達の工夫を参考にするよう促したり，具体的な方法をアドバイスしたりして，計画を工夫できるようにする。

「主体的に学習に取り組む態度」の評価規準②については，家族の心のつながりを深める手立てをグループで検討し合う場面で，計画・実践記録表の記述内容及び行動観察から評価している。適切に自己評価し，友達の方法を参考に自分の計画を改善しようとしている様子を記述している場合を「おおむね満足できる」状況（B）と判断した。

**◆評価に関する資料**

計画・実践記録表の一部
「主体的に学習に取り組む態度」②の「おおむね満足できる」状況（B）の記述例

**考えたこと・疑問に思ったこと・調べてみたいこと・やってみたいことは…**
母と相談しながら考えた計画だったが、グループで話し合って、白玉団子だけではなく、もっと思い出の味を家族に聞いてみて作ることにした。早くやってみたい。

## 6 主体的・対話的で深い学びの実現に向けた授業づくりのポイント

### ⑴ 各学習過程における学習指導の工夫

**生活の課題発見**

**〔1〕家族と「ワンチーム大作戦」を計画しよう** **主体的な学びの視点**

**（1時間目）**

事前に，触れ合いや団らんについての家族の思いや願い，「ワンチーム大作戦」に期待していることなどを家族にインタビューし，リサーチシートにまとめるようにしておく。この活動により，「ワンチーム大作戦」が家族の心のつながりを深める視点からの課題意識と解決への見通しをもった，主体的な取組になるようにしている。

**解決方法の検討と計画**

**（2時間目）** **対話的な学びの視点**

「ワンチーム大作戦」の計画を，同様の課題の児童による小グループで紹介し合い，家族が喜び温かな気持ちになる手立てを検討し合うようにしている。三つの視点（会話，雰囲気づくり，協力）に絞って話し合うようにしたり，グループで出た意見を全体で共有したりすることによって，共感や新たな気付きが生まれ，一人一人の計画をより具体的で実践可能なものに見直すことができるようにしている。

小グループでの話合い

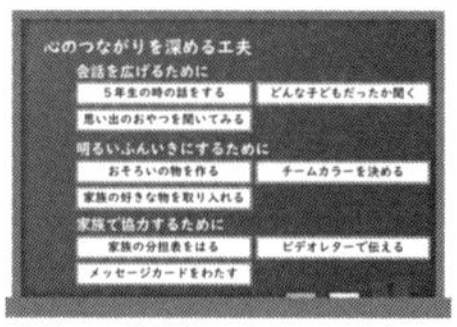

グループで出た意見の共有

**実践活動**

**「ワンチーム大作戦」を実践し，家族からメッセージをもらう。**

**実践活動の評価・改善**

**〔2〕家族と「ワンチーム大作戦」を実践しよう** **対話的な学びの視点**

**（3・4時間目）** **主体的な学びの視点**

「ワンチーム大作戦」の実践については，工夫したポイントや課題に照らして振り返り，家族からのメッセージや写真とともに，報告する相手を意識して計画・実践記録表にまとめるようにしている。グループでの報告会では，付箋紙に「わたしもしたいこの工夫」を書き込み，お互いの計画・実践記録表に貼付して相互評価を行う。また，特に工夫が見られる取組は，全体の場で紹介するようにする。他の児童の工夫を知ることで，適切な自己評価につなげ，「我が家でもできそうだ」という意欲と新たな課題をもつことができるようにしている。

**深い学びの視点** 題材を通して，生活の営みに係る見方・考え方のうち，「協力」の視点を意識できるようにしている。日常の触れ合いや団らんを家族と一緒に振り返り，そこから問題を見いだして課題を設定したり，計画を立て家族と一緒にその解決を目指したりする一連の学習過程を，「ワンチーム大作戦」としている。児童が中心となり，友達との交流による気付きやヒントを参考にしながら，家族と一緒に「ワンチーム大作戦」を実践することで，実感を伴って「協力」という概念の形成を促すことがポイントとなる。

### ⑵ 個に応じた指導の充実

ヒントコーナーの製作見本

題材の導入に当たって，家族へのインタビューを行い，リサーチシートにその内容を整理することで，一人一人がそれぞれの家族の一員としての自覚を高め，家族との心のつながりをより深めるための適切な課題を主体的に設定することができるようにしている。また，計画を見直す場面（本時）では，他の児童の課題も身近に感じながら活発な話合いができるよう，同様の課題の３人程度の小グループを編成したり，課題解決の助けになるようなヒントコーナーを設けたりして，一人一人に応じた支援を工夫している。

### ⑶ 家庭との連携

本題材は，家庭でのインタビュー，計画立案，実践，学校での課題設定，計画の見直し，評価・改善のように，学びの場を家庭と学校で往復させる構成により，継続的に家庭で実践するサイクルが身に付くようにしている。そのため，家族も学習のねらいと内容を理解し，見通しをもつことができるよう，学年通信等で発信したり，計画・実践記録表の情報を共有したりして，「ワンチーム大作戦」が充実した実践になるようにしている。

## 本題材で使用したワークシートや資料

### 「計画・実践記録表」の一部

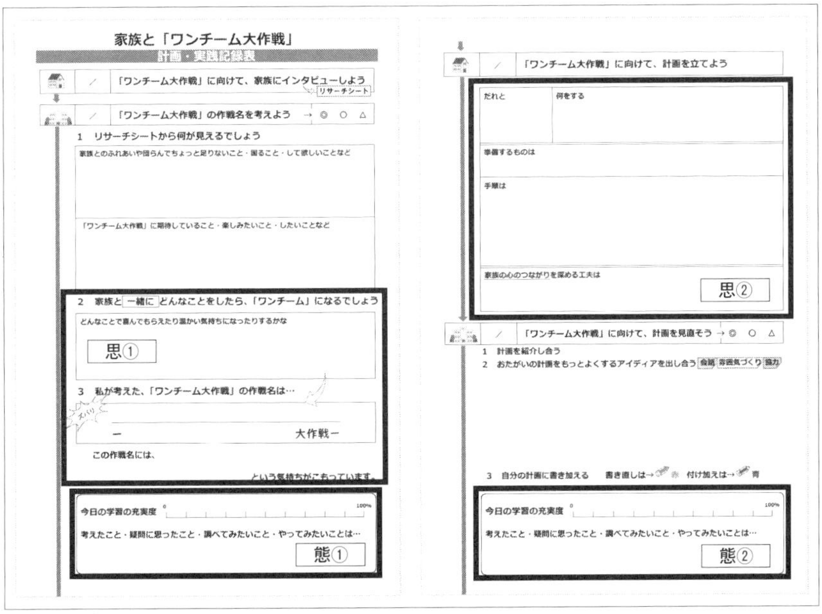
家族と「ワンチーム大作戦」
計画・実践記録表

／　「ワンチーム大作戦」に向けて，家族にインタビューしよう　リサーチシート

／　「ワンチーム大作戦」の作戦名を考えよう　→ ◎ ○ △

1　リサーチシートから何が見えるでしょう
家族とのふれあいや団らんでちょっと足りないこと・困ること・して欲しいことなど
「ワンチーム大作戦」に期待していること・楽しみたいこと・したいことなど

2　家族と 一緒に どんなことをしたら，「ワンチーム」になるでしょう
どんなことで喜んでもらえたり温かい気持ちになったりするかな
思①

3　私が考えた，「ワンチーム大作戦」の作戦名は…
ズバリ
ー　　大作戦ー
この作戦名には，
という気持ちがこもっています。

今日の学習の充実度　0　100%
考えたこと・疑問に思ったこと・調べてみたいこと・やってみたいことは…
態①

／　「ワンチーム大作戦」に向けて，計画を立てよう

| だれと | 何をする |
|---|---|
| 準備するものは | |
| 手順は | |
| 家族の心のつながりを深める工夫は | 思② |

／　「ワンチーム大作戦」に向けて，計画を見直そう → ◎ ○ △

1　計画を紹介し合う
2　おたがいの計画をもっとよくするアイディアを出し合う　会話　雰囲気づくり　協力
3　自分の計画に書き加える　書き直しは→ 赤　付け加えは→ 青

今日の学習の充実度　0　100%
考えたこと・疑問に思ったこと・調べてみたいこと・やってみたいことは…
態②

※１次第１～２時間目で使用

〈長門 里香〉

5

第5学年 A 家族・家庭生活

# おにぎりパーティーで地域の人に感謝の気持ちを伝えよう

A⑷ア

## 1 題材について

この題材は，「A 家族・家庭生活」の⑶「家族や地域の人々との関わり」における「地域の人々との関わり」の学習を基礎とし，「B 衣食住の生活」の⑴「食事の役割」の食事の仕方，⑵「調理の基礎」の米飯の調理の学習と関連を図ったA⑷「家族・家庭生活についての課題と実践」の題材である。米作りなどでお世話になった地域の人に感謝の気持ちを伝える「おにぎりパーティー」に向けてグループで課題を設定し，その解決に向けて，計画を立てて実践し，評価・改善する構成となっている。実践活動は，総合的な学習の時間「米の収穫祭をしよう」と関連を図って実施している。

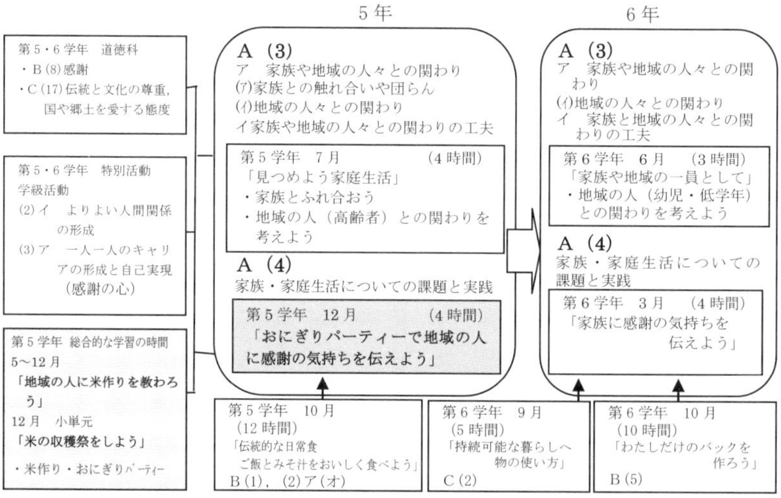


題材の系統性と他教科等との関連

## 2 題材の目標

⑴ 地域の人々との関わりについて日常生活の中から問題を見いだして課題を設定し，様々な解決方法を考え，「おにぎりパーティー」の計画を立てて実践した結果を評価・改善し，考えたことを表現するなどして課題を解決する力を身に付ける。

⑵ 家族の一員として，生活をよりよくしようと，「おにぎりパーティー」での地域の人々との関わりについて，課題の解決に向けて主体的に取り組んだり，振り返って改善したりして，生活を工夫し，地域などで実践しようとする。

## 3 題材の評価規準

| 知識・技能 | 思考・判断・表現 | 主体的に学習に取り組む態度 |
|---|---|---|
| | 地域の人々との関わりについて日常生活の中から問題を見いだして課題を設定し，様々な解決方法を考え，「おにぎりパーティー」の計画を立てて実践した結果を評価・改善し，考えたことを表現するなどして課題を解決する力を身に付けている。 | 家族の一員として，生活をよりよくしようと，「おにぎりパーティー」での地域の人々との関わりについて，課題の解決に向けて主体的に取り組んだり，振り返って改善したりして，生活を工夫し，地域などで実践しようとしている。 |

## 4 指導と評価の計画 **4時間**

〔1〕「おにぎりパーティー」の計画を立てよう……………………………… 2時間

〔2〕「おにぎりパーティー」の実せんをふり返ろう ……………………………(本時 2/2) 2時間

| 次時 | ○ねらい・学習活動 | 評価規準・評価方法 | | |
|---|---|---|---|---|
| | | 知識・技能 | 思考・判断・表現 | 主体的に学習に取り組む態度 |
| 〔1〕<br>1 | ○「おにぎりパーティー」に向けて，地域の人々との関わりの中から問題を見いだして課題を設定することができる。<br>・米作りでお世話になった地域の人との関わり方を振り返り，地域の人々との関わりについての問題点を話し合う。<br>・グループごとに，「おにぎりパーティー」に向けて地域の人との関わり方について課題を設定する。<br>〈課題の例〉<br>・感謝の気持ちを伝えるために，好みの具にしたり，ランチョンマットを和風にしたりしてもてなそう。<br>・地域の人と仲よくなれるように，米作りの活動の写真などで話題を盛り上げよう。 など | | ①「おにぎりパーティー」に向けて地域の人々との関わりの中から問題を見いだして課題を設定している。<br>・計画・実践記録表 | |
| 2 | ○課題解決に向けて，よりよい方法を考え，「おにぎりパーティー」の計画を工夫することができる。<br>・グループごとに，具体的な内容や調べることを話し合う。<br>・グループで各自の分担を決める。<br>・各自の分担について計画を立て，グループで交流し，見直す。<br>・「おにぎりパーティー」の計画について確認する。 | | ②「おにぎりパーティー」での地域の人々との関わりに関する課題の解決に向け，よりよい生活を考え，計画を工夫している。<br>・計画・実践記録表 | ①「おにぎりパーティー」での地域の人々との関わりに関する課題の解決に主体的に取り組もうとしている。<br>・計画・実践記録表<br>・行動観察 |

| | | | | |
|---|---|---|---|---|
| 実践活動:総合的な学習の時間の単元「地域の人に米作りを教わろう」における「米の収穫祭をしよう」において実践 | | | | |
| 〔2〕<br>1 | ○「おにぎりパーティー」での実践について，実践発表会で発表することができる。<br>・「おにぎりパーティー」を振り返り，計画･実践記録表にまとめる。<br>・実践発表会で発表し合う。<br>・地域の人の感想を聞く。 | | ④「おにぎりパーティー」での地域の人々との関わりに関する課題解決に向けた一連の活動について，考えたことを分かりやすく説明したり，発表したりしている。<br>・計画･実践記録表<br>・行動観察 | ②「おにぎりパーティー」での地域の人々との関わりに関する課題の解決に向けた一連の活動を振り返って改善しようとしている。<br>・計画･実践記録表<br>・行動観察 |
| 2<br>本時 | ○「おにぎりパーティー」での地域の人々との関わりについて，実践したことを評価・改善し，更によりよい生活にするために，新たな課題を見付けることができる。<br>・他のグループの発表や地域の人の感想から実践を評価し合い，改善点について話し合う。<br>・これからの生活での地域の人々との関わり方について新たな課題を見付け，発表し合う。 | | ③「おにぎりパーティー」での地域の人々との関わりに関する課題の解決に向けて実践した結果を評価したり，改善したりしている。<br>・計画・実践記録表 | ③よりよい生活にするために，地域の人々との関わりに関する新たな課題を見付け，地域で次の実践に取り組もうとしている。<br>・計画・実践記録表<br>・行動観察 |

## 5 本時の展開〔2〕(2/2 時間)

⑴ **小題材名**　「おにぎりパーティー」の実せんをふり返ろう

⑵ **ねらい**　「おにぎりパーティー」での地域の人々との関わりについて，実践したことを評価・改善し，よりよい生活にするために，新たな課題を見付けることができる。

⑶ **展　開**

| 時(分) | 学習活動 | ・指導上の留意点<br>評価規準（評価方法） |
|---|---|---|
| 5 | 1　本時のめあてを確認する。<br><br>「おにぎりパーティー」の実せんをふり返り，次の課題を見つけよう。 | ・「おにぎりパーティー」の様子の写真等を見せることで振り返ることができるようにする。 |
| 20 | 2　前時の実践発表会での他のグループの発表や地域の人の感想から，自分やグループの実践を評価する。<br><br>・計画どおりに実践できたか<br>・感謝の気持ちを伝えることができたか<br>・地域の人とうまく関わることができたか | 〔思考・判断・表現〕<br>③「おにぎりパーティー」での地域の人々との関わりに関する課題の解決に向けて実践した結果を評価したり，改善したりしている。<br>（計画・実践記録表） |

| | | |
|---|---|---|
| 10 | 3 うまくいかなかったことは，どのように改善すればよいか，話し合う。 | ・改善点を考えることができない児童には，他グループの発表などを参考にするよう助言する。 |
| 10 | 4 本時の学習を振り返り，これからの生活での地域の人との関わり方について新たな課題を見付け，発表し合う。 | **〔主体的に学習に取り組む態度〕**<br>③よりよい生活にするために，地域の人々との関わりに関する新たな課題を見付け，地域で次の実践に取り組もうとしている。<br>（計画・実践記録表）（行動観察）<br>・地域での実践への意欲を高めるようにする。 |

### ⑷ 学習評価の工夫

本題材では，「おにぎりパーティー」の一連の学習活動（計画・実践，評価・改善）について記録できる計画・実践記録表を作成している。

本時の「思考・判断・表現」の評価規準③については，実践を振り返る場面で，計画・実践記録表の記述内容から評価している。地域の人に感謝の気持ちを伝えることや関わり方について自己評価し，改善の方法を考えたり，工夫したりしている場合を「おおむね満足できる」状況（B）と判断した。その際，「努力を要する」状況（C）と判断される児童に対しては，友達の方法やアドバイスを参考に改善できるよう助言する。

「主体的に学習に取り組む態度」の評価規準③については，これからの生活での地域の人との関わり方を考える場面で，計画・実践記録表の記述内容及び行動観察から評価している。さらに関わりを深め，よりよい生活にするために新たな課題を見付け，実践しようとしている場合を「おおむね満足できる」状況（B）と判断した。また，より具体的な実践を考えて主体的に取り組もうとしている場合を「十分満足できる」状況（A）と判断することが考えられる。

### ◆評価に関する資料

計画・実践記録表の一部
「思考・判断・表現」③及び「主体的に学習に取り組む態度」③の「おおむね満足できる」状況（B）の記述例

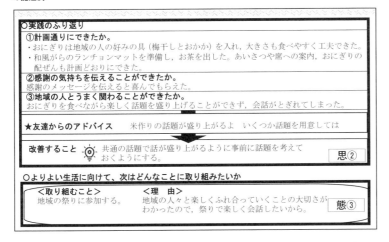

**○実践のふり返り**

**①計画通りにできたか。**
・おにぎりは地域の人の好みの具（梅干しとおかか）を入れ，大きさも食べやすく工夫できた。
・和風がらのランチョンマットを準備し，お茶を出した。あいさつや席への案内，おにぎりの配ぜんも計画どおりにできた。

**②感謝の気持ちを伝えることができたか。**
感謝のメッセージを伝えると喜んでもらえた。

**③地域の人とうまく関わることができたか。**
おにぎりを食べながら楽しく話題を盛り上げることができず，会話がとぎれてしまった。

**★友達からのアドバイス** 米作りの話題が盛り上がるよ いくつか話題を用意しては

**改善すること** 共通の話題で話が盛り上がるように事前に話題を考えておくようにする。 思②

**○よりよい生活に向けて、次はどんなことに取り組みたいか**

**<取り組むこと>** 地域の祭りに参加する。

**<理 由>** 地域の人々と楽しくふれ合っていくことの大切さがわかったので，祭りで楽しく会話したいから。 態③

## 6 主体的・対話的で深い学びの実現に向けた授業づくりのポイント

### (1) 各学習過程における学習指導の工夫

**生活の課題発見**

〔1〕「おにぎりパーティー」の計画を立てよう　(1時間目)　**主体的な学びの視点**

総合的な学習の時間と関連を図り，米作りを教えてくれた地域の人との関わり方を振り返って問題を見いだし，「おにぎりパーティー」で感謝の気持ちを伝えることができるよう，グループで課題を設定する。具体的に関わりのある地域の人を対象として考えることで，自分のこととして主体的に課題を設定できるようにしている。

また，実践の場として「おにぎりパーティー」を設定することで，食事の仕方や米飯の調理の学習を生かして，主体的に課題解決の計画を立てることができるようにしている。

**解決方法の検討と計画**

(2時間目)　**対話的な学びの視点**

「おにぎりパーティー」について，グループで具体的な内容や役割分担を考え，各自が分担する内容の計画を立てる。

その後，地域の人とよりよく関わることができる計画になっているか，感謝の気持ちが伝わる計画になっているかをグループ内で検討する。さらに，他のグループと交流することで，課題解決に向けて考えを広げ深めることができるようにしている。

**課題解決に向けた実践活動**

「おにぎりパーティー」の実践活動の様子

おにぎりの盛り付け・配膳の工夫

**実践活動の評価・改善**

〔2〕「おにぎりパーティー」の実せんをふり返ろう　(3・4時間目)　**対話的な学びの視点**　**主体的な学びの視点**

- 実践発表会では，他のグループの実践について評価し，アドバイスを考えることで，「よりよい関わり方」について考えを広げることができるようにしている。
- 友達や地域の人からの感想などをもとに，自己評価することで，課題の解決方法を見直し，これからの生活における地域の人とのよりよい関わり方について新たな課題をもてるようにしている。

**深い学びの視点**　題材を通して，生活の営みに係る見方・考え方のうち，「協力」を意識できるようにしている。地域の人との関わり方について問題を見いだして課題を設定し，考えた解決方法を「おにぎりパーティー」で実践する。実践後は，自分の関わり方や解決方法を振り返り，地域の人々との関係をよりよいものにするために自分が協力できることなどについて検討している。地域の人々との関係をよりよくしていくことが地域への協力につながることに気付くことができれば「協力」の視点が質的に高まっていく。

### ⑵　他教科等との関連

第５学年の総合的な学習の時間の「地域の人に米作りを教わろう」の学習で関わった地域の人々との関わりの中から課題を設定し，解決に向けて取り組めるよう題材設定の時期を考慮している。また，家庭科で学習したことを生かして児童主体で「おにぎりパーティー」を計画することで，地域の人に感謝の気持ちを伝え，共に協力し，助け合って生活しようとする意識を高めることができるようにしている。そのために，課題設定や計画は家庭科で，実践活動は総合的な学習の時間で行い，関連を図って進めている。

### ⑶　地域との連携

米作りでお世話になった地域の人に，家庭科の学習でも協力してもらうようにする。その際，事前に打ち合わせをして，学習のねらいや内容について説明し，理解を深めてもらう。また，実際にお世話になった人と関わりがもてるようにグループを編成する。さらに，児童が学習の終末に見つけた新たな課題を地域で実践できるよう，協力をお願いしている。

## 本題材で使用したワークシートや資料

### 計画・実践記録表の一部

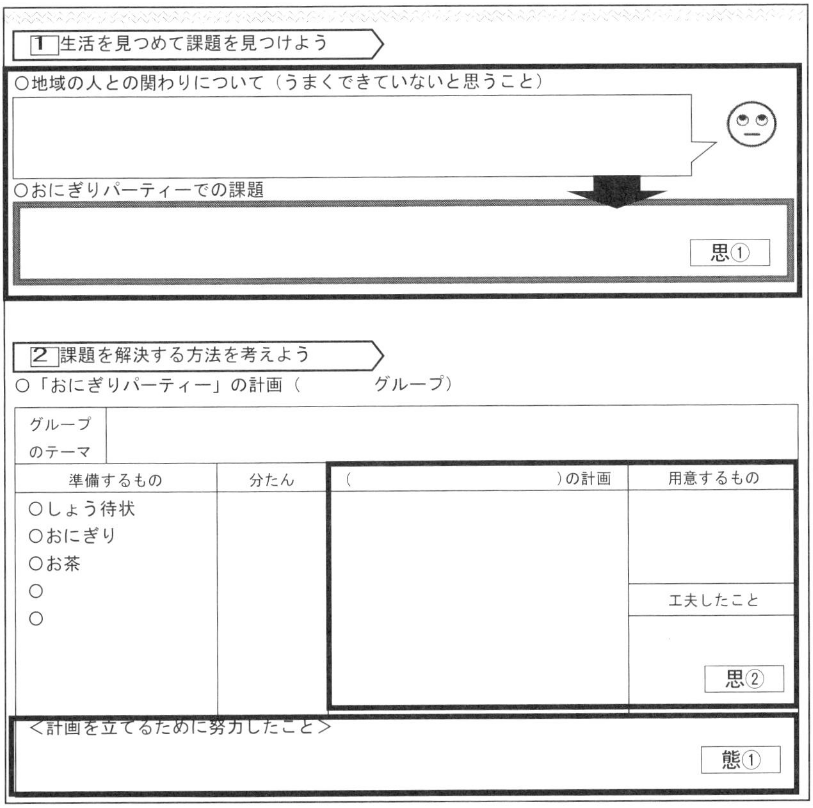


※〔1〕1～2時間目で使用

〈吉田 みゆき〉

# 6

第5学年 B 衣食住の生活

# ゆでておいしく食べよう マイ温野菜サラダ

B (2)ア(ア)(イ)(ウ)(エ)イ

## 1 題材について

本題材は,「B 衣食住の生活」の(2)「調理の基礎」のアの(ア),(イ),(ウ),(エ)「材料に適したゆで方」とイとの関連を図っている。題材のゴールとして「わが家のマイ温野菜サラダを作ろう」という課題を設定し,その解決に向けて,野菜やいもをゆで,ゆでる調理の特性や材料に適したゆで方の「こつ」を見つける。それを生かして,温野菜サラダが適切にできるようにするとともに,わが家のマイ温野菜サラダの調理計画を立てて実践し,評価・改善する構成となっている。

## 2 題材の目標

(1) 調理に必要な材料の分量や手順,加熱用調理器具の安全な取扱い,材料に応じた洗い方,調理に適した切り方,材料に適したゆで方について理解するとともに,それらに係る技能を身に付ける。

(2) おいしく食べるためにゆでる調理の仕方について問題を見いだして課題を設定し,様々な解決方法を考え,実践を評価・改善し,考えたことを表現するなどして課題を解決する力を身に付ける。

(3) 家族の一員として,生活をよりよくしようと,ゆでる調理の仕方について,課題の解決に向けて主体的に取り組んだり,振り返って改善したりして,生活を工夫し,実践しようとする。

## 3 題材の評価規準

| 知識・技能 | 思考・判断・表現 | 主体的に学習に取り組む態度 |
|---|---|---|
| ・調理に必要な材料の分量や手順が分かる。<br>・加熱用調理器具の安全な取扱いについて理解しているとともに,適切にできる。<br>・材料に応じた洗い方,材料に適した切り方について理解しているとともに,適切にできる。<br>・材料に適したゆで方を理解しているとともに,適切にできる。 | おいしく食べるためにゆでる調理の仕方について問題を見いだして課題を設定し,様々な解決方法を考え,実践を評価・改善し,考えたことを表現するなどして課題を解決する力を身に付けている。 | 家族の一員として,生活をよりよくしようと,ゆでる調理の仕方について課題の解決に向けて主体的に取り組んだり,振り返って改善したりして,生活を工夫し,実践しようとしている。 |

## 4　指導と評価の計画　**8時間**

〔1〕野菜をゆでて食べよう……………………………………………………(展開例1　1/1) 1時間
〔2〕野菜のゆで方の「こつ」を調べよう…………………………………………………… 2時間
〔3〕「こつ」を生かして温野菜サラダを作ろう………………………………………………… 3時間
〔4〕わが家のマイ温野菜サラダを作ろう…………………………………(展開例2　1/2) 2時間

| 次時 | ○ねらい・学習活動 | 評価規準・評価方法<br>知識・技能 | <br>思考・判断・表現 | <br>主体的に学習に取り組む態度 |
|---|---|---|---|---|
| 〔1〕<br>1<br><br>展開例1 | ○野菜をおいしく食べるためのゆでる調理の仕方について課題を設定することができる。<br>・毎日の食事で不足しがちな野菜をとるための料理を発表し合う。<br>・おひたし　・煮物<br>・温野菜サラダ　など<br>・温野菜サラダに用いる複数の野菜を水から一緒にゆでる様子(DVD)を視聴したり，試食したりして気付いたことを話し合う。<br>・ゆでる調理(温野菜サラダ)の調理の仕方について問題を見いだし，課題を設定する。 | | ①おいしく食べるためにゆでる調理(温野菜サラダ)の調理の仕方について問題を見いだして課題を設定している。<br>・ワークシート | |
| 〔2〕<br>1<br><br>2 | ○青菜のゆで方を理解し，適切にゆでることができる。<br>・おひたしを作る示範を見る。<br>・青菜をゆでて観察したり，試食したりして，色やかさ，硬さ，味の変化について発表する。<br>・青菜のゆで方の「こつ」をまとめる。<br>○温野菜サラダに用いる野菜やいも類のゆで方を理解し，適切にゆでることができる。<br>・キャベツやブロッコリー，にんじんやじゃがいものゆで方を考える。<br>・選んだ野菜やいもごとのグループで適切な厚さ，大きさに切り，ゆでて観察したり，試食したりする。<br>・ゆでた野菜やいもの色やかさ，硬さ，味の変化について発表する。<br>・温野菜サラダに用いる野菜やいも類のゆで方の「こつ」をまとめる。 | ①加熱用調理器具の安全な取扱いについて理解し，適切にできる。<br>・ワークシート<br>・行動観察<br>②材料に応じた洗い方，材料に適した切り方について理解し，適切にできる。<br>・ワークシート<br>・行動観察<br>③ゆでる調理の仕方について理解しているとともに，適切にできる。<br>・ゆで方の「こつ」ワークシート<br>・行動観察<br>**指導に生かす評価** | | ①ゆでる調理の仕方について，課題の解決に向けて主体的に取り組もうとしている。<br>・ポートフォリオ<br>・行動観察 |

| | | | | |
|---|---|---|---|---|
| 〔3〕<br>1 | ○ゆで方の「こつ」を生かして温野菜サラダの調理計画を工夫することができる。<br>・元のグループに戻り，ゆで方の「こつ」を生かしてキャベツ，ブロッコリー，にんじん，じゃがいもを用いた温野菜サラダの調理計画を立てる。<br>・必要な材料や分量<br>・使用する調理器具<br>・調理の手順<br>・分担 | ④調理に必要な材料の分量や手順が分かり，手際よく調理を進めるための調理計画について理解している。<br>・計画・実習計画表<br>**指導に生かす評価** | ②おいしく食べるためにゆでる調理の調理計画について実践に向けた計画を考え，工夫している。<br>・計画・実習計画表<br>**指導に生かす評価** | ②ゆでる調理の調理計画や調理の仕方について，課題の解決に向けた一連の活動を振り返って改善しようとしている。<br>・ポートフォリオ<br>・行動観察 |
| 2<br><br>3 | ○グループで温野菜サラダを調理し，実践を評価したり，改善したりすることができる。<br>・計画に沿って温野菜サラダを調理する。<br>・試食し，硬さ，色などを観察する。<br>・気付いたことを発表し合い，家庭実践に向けて改善点を考える。 | ③ゆでる調理の仕方について理解しているとともに，適切にできる。<br>・ゆで方の「こつ」ワークシート<br>・行動観察<br>**記録に残す評価** | ③おいしく食べるためにゆでる調理の調理計画や調理の仕方について，実践を評価したり，改善したりしている。<br>・計画・実習記録表<br>・行動観察 | |
| 〔4〕<br>1<br><br>**展開例2** | ○家庭で実践する「マイ温野菜サラダ」の調理計画を工夫することができる。<br>・沸騰してからゆでる野菜，水からゆでる野菜やいも類を３～４種類組み合わせた「マイ温野菜サラダ」の計画を立てる。<br>・複数の材料を組み合わせて，温野菜サラダを作るときの工夫について発表する。 | ④調理に必要な材料の分量や手順が分かり，手際よく調理を進めるための調理計画について理解している。<br>・計画・実践記録表<br>・行動観察<br>**記録に残す評価** | ②おいしく食べるためにゆでる調理の調理計画について実践に向けた計画を考え，工夫している。<br>・計画・実践記録表<br>**記録に残す評価** | |
| 2 | ○「マイ温野菜サラダ」の調理計画をグループで発表することができる。<br>・グループで調理計画を発表し合うことができる。<br>・他の児童からのアドバイスを参考に調理計画を見直す。 | | ④おいしく食べるためにゆでる調理の調理計画や調理の仕方についての課題解決に向けた一連の活動について，考えたことを分かりやすく表現している。<br>・行動観察<br>・計画・実践記録表 | ③ゆでる調理の調理計画や調理の仕方について実践しようとする。<br>・ポートフォリオ<br>・行動観察 |
| | ○家庭でマイ温野菜サラダを実践 | | | |

## 5 本時の展開

**【展開例1】〔1〕(1/1時間)**

(1) **小題材名** 野菜をゆでて食べよう

(2) **ねらい** 野菜をおいしく食べるためのゆでる調理の仕方について課題を設定することができる。

(3) **展 開**

| 時(分) | 学習活動 | ・指導上の留意点<br>評価規準 (評価方法) |
|---|---|---|
| 5 | 1 本時のめあてを確認する。<br>野菜をおいしく食べるためのゆでる調理の仕方をさぐろう。 | |
| 10 | 2 毎日の食事で不足しがちな野菜をとるための料理を紹介し合う。<br>・おひたし・煮物・温野菜サラダなど | ・家や給食で食べている料理を写真・絵などで具体的に紹介できるようにする。 |
| 15 | 3 温野菜サラダに用いる複数の野菜を水から一緒にゆでる様子のDVDを視聴したり，試食したりして気付いたことをグループで話し合う。 | ・グループで話し合うことで，深い気付きにつながるようにする。 |
| 10 | 4 温野菜サラダの調理の仕方について，問題を見いだし，課題を設定する。<br>問題点(例)<br>・にんじん，じゃがいもが固い。<br>・青菜はやわらかくて，水っぽかった。<br>課題(例)<br>・じゃがいもは，どのようにゆでたらやわらかくなるのだろう。<br>・青菜は，どのようにしてゆでたら水っぽくならないのだろう。 | ・課題が設定できない児童には，DVDや話合いから考えるよう促す。<br>〔思考・判断・表現〕<br>①おいしく食べるためにゆでる調理の調理の仕方について問題を見いだして課題を設定している。<br>(ワークシート)(行動観察) |
| 5 | 4 本時の学習を振り返り，次時の活動を確認する。 | ・次時の実践計画に生かすことができるよう励ます。 |

(4) **学習評価の工夫**

本時の「思考・判断・表現」の評価規準①については，温野菜サラダの調理の仕方について課題を設定する場面で，ワークシートの記述内容や行動観察から評価している。野菜やいも類のゆで方やゆでる時間に関する問題を見いだして課題を設定し，その理由を適切に示している場合を「おおむね満足できる」状況(B)と判断した。その際，「努力を要する」状況(C)と判断される児童に対しては，DVDの視聴や試食を振り返って，硬さ，色，味など，食品の変化で実感したことを確認し，課題を設定できるよう個に応じた指導を工夫する。

**◆評価に関する資料**

ワークシートの一部

| |
|---|
| 温野菜サラダの調理の仕方についての課題とその理由を記入しよう。 |
| （課題） |
| （理由） |
| 思① |

**【展開例 2】〔4〕（1/2 時間）**

(1) **小題材名**　わが家のマイ温野菜サラダを作ろう

(2) **ねらい**　家庭で実践する「マイ温野菜サラダ」の調理計画を考え，工夫することができる。

(3) **展　開**

| 時（分） | 学習活動 | ・指導上の留意点<br>評価規準　（評価方法） |
|---|---|---|
| 5 | 1　本時のめあてを確認する。<br>わが家における「マイ温野菜サラダ」の調理計画を工夫しよう。 | ・前時の実習を想起させ，野菜やいも類のゆで方の「こつ」を確認する。 |
| 20 | 2　沸騰してからゆでる野菜，水からゆでる野菜やいも類を 3 ～ 4 種類組み合わせた「マイ温野菜サラダ」の計画を立てる。<br>・必要な材量の分量<br>（1 人分の全体量 120 ～ 150 g）<br>・調理の手順<br>（切り方，ゆで方，ゆで時間）<br>・必要な用具，食器 | ・ゆで方の手順の根拠について考えるよう助言する。<br>〔知識・技能〕<br>④調理に必要な材料の分量や手順が分かり，手際よく調理を進めるための調理計画について理解している。<br>（計画・実践記録表）<br>**記録に残す評価** |
| 15 | 3　3 ～ 4 人グループの友達と意見交流し，自分の調理計画を見直す。<br>・複数の材料を組み合わせて，温野菜サラダを作るときの工夫について発表する。 | ・一人で調理する場合の手順を確認する。<br>〔思考・判断・表現〕<br>②おいしく食べるためにゆでる調理の調理計画について実践に向けた計画を考え，工夫している。<br>（計画・実践記録表）<br>**記録に残す評価** |
| 5 | 4　本時の学習を振り返り，次時の活動を確認する。<br>・本時の学習でがんばったこと<br>・家庭実践でがんばりたいこと | ＊家庭で工夫できるよう励まし，実践への意欲を高める。 |

(4) **学習評価の工夫**

本題材の「知識・技能」の評価規準④及び「思考・判断・表現」の評価規準②については，一回目の「温野菜サラダ」の調理計画（グループ）の場面を指導に生かす評価，2 回目（本時）の「マイ温野菜サラダ」の調理計画（各自）の場面を記録に残す評価としている。本時の「知識・技能」の評価規準④については，計画・実践記録表の記述内容から評価している。必要な材料の分量，野菜やいもをゆでる手順，一人で調理する場合の調理計画について，適切に記述している場合を「おおむね満足できる」状況（B）と判断した。その際「努力を要する」状況（C）と判断される児童に対しては，水からゆでるもの，沸騰してからゆでるものを再度確認し，その理由を考え，手順を考えさせるなど，個に応じた指導を工夫する。

「思考・判断・表現」の評価規準②については，計画・実践記録表の記述内容から評価している。おいしく食べるために，複数の野菜やいも類を組み合わせてマイ温野菜サラダを作る上での工夫を考え，一人で調理する場合の調理計画を記述している場合を「おおむね満足できる」状況（B）とする。

## ◆評価に関する資料

**計画・実践記録表の一部**
**「知識・技能」④の「おおむね満足できる」状況（B）の記述例**

マイ温野菜サラダ　※1人分は約120~150gとして分量を決めましょう。

| 材料 | 1人分 | (4) 人分 | 切り方 | 切るタイミング | ゆで方 | ゆでた後 |
|---|---|---|---|---|---|---|
| (じゃがいも) | (20) g | ( 80) g | 5㎜いちょう切り | ゆでる前・ゆでた後 | 水から・ふっとうしてから | 水・ざる |
| (にんじん) | (20) g | ( 80) g | 5㎜半月切り | ゆでる前・ゆでた後 | 水から・ふっとうしてから | 水・ざる |
| (さやいんげん) | (50) g | (100) g | 5㎝切り | ゆでる前・ゆでた後 | 水から・ふっとうしてから | 水・ざる |
| (キャベツ) | (50) g | (100) g | 短冊切り | ゆでる前・ゆでた後 | 水から・ふっとうしてから | 水・ざる |

必要な調理器具・食器など：
ボール、まな板、包丁、なべ、ざる、さいばし、穴じゃくし、・・・、皿、はし

知④

調理の手順

| | 0分　5分　10分　20分　30分 |
|---|---|
| じゃがいも | 洗う　切る<br>水からゆでる(なべ1)　ざるにあげる |
| にんじん | 洗う　切る<br>水からゆでる(なべ1)　ざるにあげる |
| さやいんげん | 洗う　切る<br>ゆでる(なべ2)　ざるにあげる |
| キャベツ | 洗う　絞って切る<br>湯をわかす(なべ2)　ゆでる　取り出して水につける |

思②

## 6 主体的・対話的で深い学びの実現に向けた授業づくりのポイント

### (1) 各学習過程における学習指導の工夫

**生活の課題発見**

**〔1〕野菜をゆでて食べよう**　（1時間目）

**主体的な学びの視点**

野菜をおいしく食べるためのゆでる調理の仕方について，複数の野菜を水から一緒にゆでる様子を DVD で視聴したり，試食したりして話し合うことで問題を見いだし，課題を設定できるようにしている。また，題材における学習の見通しがもてるようにして，家庭実践に向けて主体的に学習活動に取り組むことができるようにしている。

複数の野菜を水から一緒にゆでる様子

**解決方法の検討と計画**

**〔2〕野菜のゆで方の「こつ」を調べよう**　（1,2時間目）

**対話的な学びの視点**

青菜，選んだ野菜やいもをゆでて観察したり，試食したり，色やかさ，硬さ，味の変化について発表し合い，ゆで方の「こつ」について他者と意見を共有し，互いの考えを深めることができるようにしている。

青菜のかさの変化

**〔3〕「こつ」を生かして温野菜サラダを作ろう**　（1時間目）

青菜，野菜やいものゆで方の「こつ」を生かして作る温野菜サラダの手順や材料の切り方について意見を交流し合い，グループで調理計画を工夫できるようにしている。

**課題解決に向けた実践活動**

（2時間目）

温野菜サラダを調理し，試食を通して硬さや色などを観察している。

**実践活動の評価・改善**

（3時間目）

**主体的な学びの視点**

温野菜サラダの調理を振り返り，予測した結果との違いを確かめたり，その理由を考えたりしながら，実践を評価・改善し，改善策を考えることができるようにしている。

温野菜サラダ

**深い学びの視点**　題材を通して，生活の営みに係る見方・考え方のうち，「健康」の視点を意識できるようにしている。毎日の食事で不足しがちな野菜をたくさん，おいしく食べるためのゆでる調理の仕方について問題を見いだして課題を設定する。児童が友達との交流による気付きやヒントを参考にしながら，主体的に野菜をたくさんおいしく食べるための計画を立てて，マイ温野菜サラダを実践することで，実感を伴って「健康」という概念の形成を促すことがポイントとなる。

### (2) 実践的・体験的な活動

本題材では，野菜によってゆで方が違うことを理解できるように，複数の野菜やいもを水から一緒にゆでる様子のDVDを視聴したり，試食したりしている。青菜は，ゆでる前とゆでた後の色やかさなどの違いを比べている。じゃがいも，にんじん，キャベツ，ブロッコリーをゆでて観察したり，試食したりして，それぞれの野菜の硬さや味の変化などを比べている。このような実習を取り入れることで，野菜やいものゆで方を実感を伴って理解できるようにしている。

### (3) 言語活動の充実

おいしく野菜やいもをゆでるには，材料に適したゆで方がある。実習を通して，じゃがいもやにんじんは水からゆでること，ブロッコリーやキャベツは沸騰したお湯の中に入れてゆでることなど，ゆで方の「こつ」を材料ごとにまとめている。その際，気付いたことを言葉や図で表したり友達と交流したりしている。

## 本題材で使用したワークシートや資料

### ①ワークシートの一部

**◆青菜をゆでる前とゆでた後の変化を観察し，ゆでる「こつ」をまとめよう。**

| 観察する観点 | 色 | かさ | かたさ | 味 |
|---|---|---|---|---|
| ゆでる前 | | | | |
| ゆでた後 | | | | |
| 青菜をゆでる「こつ」をまとめよう。 | | | | |
| | | | | |
| | | | | |

※〔2〕1時間目で使用

### ②ゆで方の「こつ」ワークシートの一部

| 野菜 | 洗い方 | 切り方 | ゆで方 |
|---|---|---|---|
| じゃがいも | | | |
| にんじん | | | |
| ブロッコリー | | | |
| キャベツ | | 知・技② | 知・技③ |

※〔2〕2時間目で使用

〈玉置 智子〉

# 食べて元気 ご飯とみそ汁

B (1)ア　(2)ア(ア)(ウ)(オ)イ

## 1 題材について

本題材は,「B 衣食住の生活」の(1)「食事の役割」のアと(2)「調理の基礎」のアの(ア),(ウ),(オ)及びイとの関連を図っている。まず,伝統的な日常食である「ご飯とみそ汁」を取り上げ,健康や生活文化の大切さへの気付きの視点から,米飯とみそ汁の調理の仕方について基礎的・基本的な知識及び技能を科学的な理解をもとに身に付ける。次に,「秋のみそ汁コンテスト」という課題を設定し,自分たちが考えたみそ汁の調理について,グループで計画を立て,シミュレーション活動を通して,計画を見直し,実践を評価・改善する。最後に,各自が,「わが家のとっておきの秋のみそ汁作り」の計画を立てるという構成となっている。

## 2 題材の目標

(1) 食事の役割と食事の大切さ,我が国の伝統的な配膳,伝統的な日常食の米飯及びみそ汁の調理の仕方について理解するとともに,それらに係る技能を身に付ける。
(2) おいしく食べるために米飯及びみそ汁の調理計画や調理の仕方について問題を見いだして課題を設定し,様々な解決方法を考え,実践を評価・改善し,考えたことを表現するなどして課題を解決する力を身に付ける。
(3) 家族の一員として,生活をよりよくしようと,食事の役割,伝統的な日常食である米飯及びみそ汁の調理の仕方について,課題の解決に向けて主体的に取り組んだり,振り返って改善したりして,生活を工夫し,実践しようとする。

## 3 題材の評価規準

| 知識・技能 | 思考・判断・表現 | 主体的に学習に取り組む態度 |
|---|---|---|
| ・食事の役割が分かり,食事の大切さについて理解している。<br>・調理に必要な材料の分量や手順が分かり,調理計画について理解している。<br>・我が国の伝統的な配膳の仕方について理解しているとともに,適切にできる。<br>・伝統的な日常食である米飯及びみそ汁の調理の仕方を理解しているとともに,適切にできる。 | おいしく食べるために米飯及びみそ汁の調理計画や調理の仕方について問題を見いだして課題を設定し,様々な解決方法を考え,実践を評価・改善し,考えたことを表現するなどして課題を解決する力を身に付けている。 | 家族の一員として,生活をよりよくしようと,食事の役割,伝統的な日常食である米飯及びみそ汁の調理の仕方について,課題の解決に向けて主体的に取り組んだり,振り返って改善したりして,生活を工夫し,実践しようとしている。 |

## 4 指導と評価の計画 **10時間**

〔1〕毎日の食事を見つめよう……………………………………………………1時間
〔2〕おいしいご飯とみそ汁を作ろう…………………………………………4時間
〔3〕「秋のみそ汁コンテスト」にチャレンジしよう…（展開例1　1，2/4，展開例2　4/4）4時間
〔4〕わが家のとっておきの秋のみそ汁を工夫しよう…………………………1時間

| 次時 | ○ねらい・学習活動 | 評価規準・評価方法 | | |
|---|---|---|---|---|
| | | 知識・技能 | 思考・判断・表現 | 主体的に学習に取り組む態度 |
| 〔1〕<br>1 | ○食事の役割や日常の食事の大切さを理解し，米飯およびみそ汁が我が国の伝統的な日常食であることを理解することができる。<br>・日常の食事を振り返り，食事の役割について話し合う。<br>・給食の献立や家庭での食事を振り返り，米飯とみそ汁を日常的に食べている理由や米飯とみそ汁のよさについて考える。<br>・これからの学習の見通しをもつ。 | ①食事の役割が分かり，日常の食事の大切さについて理解している。<br>・ワークシート<br>②米飯及びみそ汁が我が国の伝統的な日常食であることを理解している。 | | |
| | 「わが家のとっておきの秋のみそ汁作り」の計画を立てよう | | | |
| 〔2〕<br>1 | ○米飯とみそ汁の調理の仕方について問題を見いだし，おいしく食べるための課題を設定することができる。<br>・家庭で調べてきたことをもとに米飯とみそ汁の調理の仕方について，疑問点を発表する。<br>・おいしく食べるために，米飯及びみそ汁の調理の仕方について追究する課題を設定する。 | ③米飯の調理の仕方を理解しているとともに，適切にできる。<br>・ワークシート<br>・行動観察 | ①おいしく食べるために米飯及びみそ汁の調理の仕方について問題を見いだして課題を設定している。<br>・実習計画表 | ①伝統的な日常食である米飯及びみそ汁の調理の仕方について，課題の解決に向けて主体的に取り組もうとしている。<br>・ワークシート<br>・振り返りシート<br>・行動観察 |
| 2 | ○伝統的な日常食である米飯の調理や配膳の仕方について理解し，適切に炊飯や配膳をすることができる。<br>・鍋を用いて炊飯し，米の変化を観察する。<br>・みそ汁の写真カードとともに配膳し，試食する。 | ④我が国の伝統的な配膳の仕方について理解しているとともに，適切にできる。<br>・ワークシート<br>・行動観察 | | |
| 3<br>4 | ○伝統的な日常食であるみそ汁の調理の仕方について理解し，適切に調理することができる。<br>・みそ汁（だしの有無）を試食し，だしの役割について話し合う。<br>・だしのとり方を示範により確認する。<br>・みそ汁（大根・油あげ・ねぎ）の作り方を観察し，気付いたことを発表する。<br>・確認テストにより，みそ汁の調理の仕方を振り返る。 | ⑤みそ汁の調理に必要な材料の分量や計量，調理の仕方について理解しているとともに，適切にできる。<br>・ワークシート<br>・確認テスト<br>・行動観察<br>**指導に生かす評価** | | |

| | | | | |
|---|---|---|---|---|
| **〔3〕<br>1<br>2<br>展開例1** | ○「秋のみそ汁コンテスト」の調理計画を考え，工夫することができる。<br>・コンテストのみそ汁の条件を確認し，グループで調理計画を立てる。<br>・グループで調理計画に沿って調理シミュレーションを行い，気付いたことを話し合う。<br>・全体で交流し，工夫点をおいしさ，安全，効率の視点から，Yチャート図に分類整理する。<br>・グループの調理計画を見直す。 | ※前時の行動観察や確認テストの結果を指導に生かす。 | ②おいしく食べるためにみそ汁の調理計画について考え，工夫している。<br>・実習計画表<br>**指導に生かす評価** | ②伝統的な日常食であるみそ汁の調理の仕方について，課題解決に向けた一連の活動を振り返って改善しようとしている。<br>・マトリックス調理計画表<br>・実習計画表<br>・振り返りシート<br>・行動観察 |
| **3** | ○「秋のみそ汁コンテスト」で，グループの計画に基づいてみそ汁を作ることができる。<br>・おいしく，安全に手際よくみそ汁を作るための工夫を意識して協力して調理する。<br>・試食する。<br>・審査員（児童）も試食する。 | ⑤みそ汁の調理に必要な材料の分量や計量，調理の仕方について理解しているとともに，適切にできる。<br>・行動観察<br>**記録に残す評価** | | |
| **4<br>展開例2** | ○「秋のみそ汁コンテスト」の調理計画や調理の仕方について，実践したことを発表し合い，評価したり，改善したりすることができる。<br>・グループで作った「秋のみそ汁」を振り返り，フリップにまとめる。<br>・グループごとにまとめたことを発表し合う。<br>・審査員（保護者）からの評価を参考にみそ汁作りの計画を見直す。 | | ④おいしく食べるためにみそ汁の調理計画や調理の仕方についての課題解決に向けた一連の活動について，考えたことを分かりやすく表現している。<br>・フリップ<br>・行動観察<br>③おいしく食べるためにみそ汁の調理計画や調理の仕方について，実践を評価したり，改善したりしている。<br>・振り返りシート<br>・マトリックス調理計画表 | |
| **〔4〕<br>1** | ○「わが家のとっておきの秋のみそ汁」の調理計画を考え，工夫することができる。<br>・これまでの学習を生かし，各自が家庭で一人でみそ汁を調理する場合の実践計画を立てる。<br>・グループで交流し，実践計画を見直す。 | | ②おいしく食べるためにみそ汁の調理計画について考え，工夫している。<br>・実践計画表<br>**記録に残す評価** | ③伝統的な日常食であるみそ汁の調理の仕方について工夫し，実践しようとしている。<br>・実践計画表 |

## 5 本時の展開

**【展開例 1】〔3〕（1，2/4 時間）**

⑴ **小題材名** 「秋のみそ汁コンテスト」にチャレンジしよう

⑵ **ねらい** 「秋のみそ汁コンテスト」の調理計画について考え，工夫することができる。

⑶ **展　開**

| 時（分） | 学習活動 | ・指導上の留意点<br>評価規準 （評価方法） |
|---|---|---|
| 5 | 1 本時のめあてを確認する。<br>「秋のみそ汁コンテスト」に向けておいしく安全で手際よく調理するための計画を工夫しよう。 | |
| 15 | 2 コンテストのみそ汁の条件を確認し，グループで実の取り合わせや分量，切り方を考える。 | ・1学期のゆでる調理を振り返り，調理実習の安全・衛生について確認する。 |
| 25 | 3 みそ汁の手順を考え，マトリックス調理計画表に記入し，各自の分担を確認する。 | ・なぜそのようにするのか，理由を明確に発表し合うよう助言する。 |
| 20 | 4 グループで調理計画に沿って調理シミュレーションを行い，おいしさ，安全，効率の三つの視点から手順について気付いたことを話し合う。 | ・調理シミュレーションの仕方を確認する。 |
| 10 | 5 各グループで話し合ったことを全体で交流し，工夫点を三つの視点からYチャート図にまとめる | 〔思考・判断・表現〕<br>②おいしく食べるためにみそ汁の調理計画について考え，工夫している。<br>（実習計画表） |
| 10 | 6 各自の分担を確認し，調理計画を見直す。 | **指導に生かす評価** |
| 5 | 7 本時の学習を振り返る。<br>・ワークシートに自己評価を記入する。<br>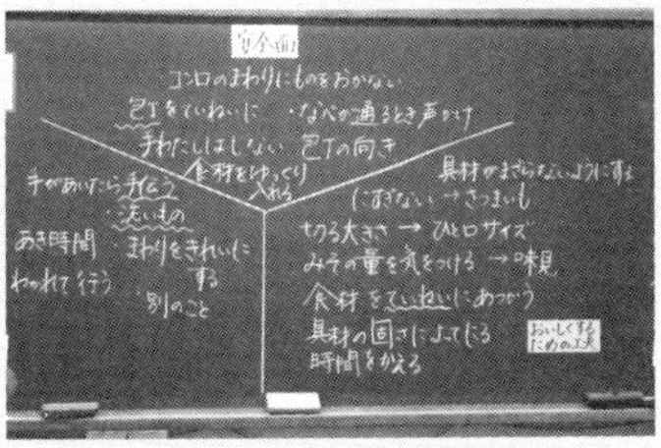<br><br>思考ツール（Yチャート図） | 〔主体的に学習に取り組む態度〕<br>②伝統的な日常食であるみそ汁の調理の仕方について，課題解決に向けた一連の活動を振り返って改善しようとしている。<br>（マトリックス調理計画表）<br>（実習計画表）（振り返りシート）<br>（行動観察）<br>・みそ汁コンテストに向けて，実践への意欲を高める。 |

⑷ **学習評価の工夫**

本題材では，パフォーマンス評価を取り入れている。「わが家のとっておきの秋のみそ汁」を作るという課題の解決に向けて「秋のみそ汁コンテスト」にチャレンジする。そのため，解決方法の検討，計画，実践，評価・改善するという一連の学習活動を通して記録するワークシートや実習記録表，マトリックス調理計画表等を作成している。

本時の「思考・判断・表現」の評価規準②については，「秋のみそ汁コンテスト」の調理計画をグループで考える場面で，実習計画表の記述内容から評価している。栄養のバランスや季節を考えたみそ汁の実や切り方，おいしさ・安全・効率を考えた手順について調理計画を記述している場合を「おおむね満足できる」状況（B）と判断した。その際，「努力を要する」状況（C）と判断される児童に対しては，みそ汁の示範を振り返って手順について確認したり，グループの他の児童の発表を参考に調理計画を見直すなど，個に応じた指導を工夫する。

本題材では，みそ汁の調理計画を２回取り入れている。１回目の「秋のみそ汁コンテスト」でグループで調理する場面を「指導に生かす評価」とし，２回目の「わが家のとっておきの秋のみそ汁」で一人で調理する場面を，「記録に残す評価」としている。

「主体的に学習に取り組む態度」の評価規準②については，「秋のみそ汁コンテスト」の調理計画についてグループで見直す場面で，マトリックス調理計画表や実習計画表の記述内容から評価している。シミュレーション活動の気付きや友達の発表などを参考に，よりおいしく安全に効率よく調理できるように計画を改善しようとしている場合を「おおむね満足できる」状況（B）と判断した。

**◆評価に関する資料**

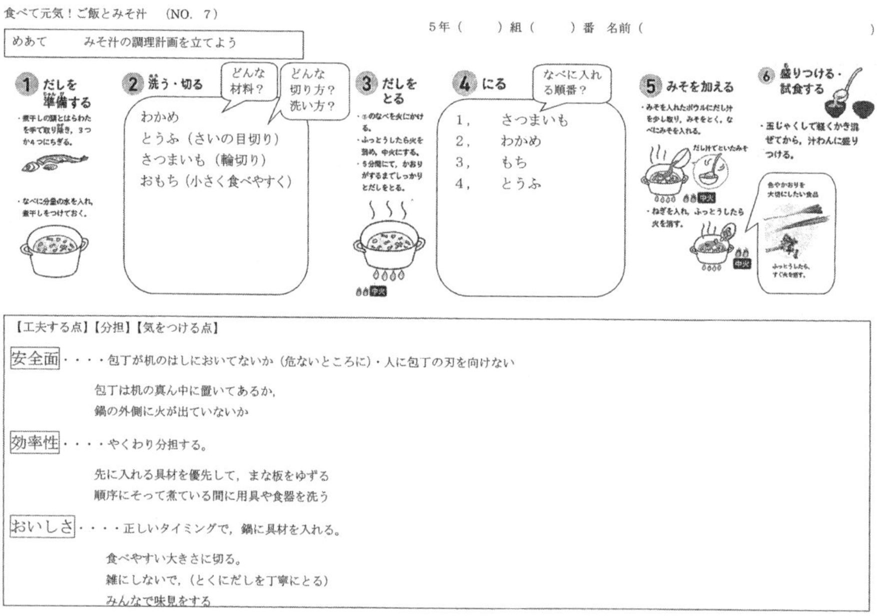
食べて元気！ご飯とみそ汁　（NO. 7）

5年（　　）組（　　）番　名前（　　　　　　　　　　）

めあて　みそ汁の調理計画を立てよう

1 だしを準備する
・煮干しの頭とはらわたを手で取り除き，3つか4つにちぎる。
・なべに分量の水を入れ，煮干しをつけておく。

2 洗う・切る
どんな材料？
どんな切り方？洗い方？
わかめ
とうふ（さいの目切り）
さつまいも（輪切り）
おもち（小さく食べやすく）

3 だしをとる
・①のなべを火にかける。
・ふっとうしたら火を弱め，中火にする。
・5分間にて，かおりがするまでしっかりとだしをとる。
中火

4 にる
なべに入れる順番？
1，　さつまいも
2，　わかめ
3，　もち
4，　とうふ

5 みそを加える
・みそを入れたボウルにだし汁を少し取り，みそをとく。なべにみそを入れる。
だし汁でといたみそ
中火
・ねぎを入れ，ふっとうしたら火を消す。
中火
色やかおりを大切にしたい食品
ふっとうしたら，すぐ火を消す。

6 盛りつける・試食する
・玉じゃくしで軽くかき混ぜてから，汁わんに盛りつける。

【工夫する点】【分担】【気をつける点】

安全面・・・・包丁が机のはしにおいてないか（危ないところに）・人に包丁の刃を向けない
包丁は机の真ん中に置いてあるか，
鍋の外側に火が出ていないか

効率性・・・・やくわり分担する。
先に入れる具材を優先して，まな板をゆずる
順序にそって煮ている間に用具や食器を洗う

おいしさ・・・・正しいタイミングで，鍋に具材を入れる。
食べやすい大きさに切る。
雑にしないで，（とくにだしを丁寧にとる）
みんなで味見をする

「みそ汁コンテスト」実習計画表

**【展開例2】〔3〕（4/4時間）**

⑴ **小題材名**　「秋のみそ汁コンテスト」にチャレンジしよう

⑵ **ねらい**　「秋のみそ汁コンテスト」の調理計画や調理の仕方について，実践したことを発表し合い，評価したり，改善したりすることができる。

⑶ **展　開**

| 時（分） | 学習活動 | ・指導上の留意点<br>評価規準　（評価方法） |
|---|---|---|
| 5 | 1　本時のめあてを確認する。<br>「秋のみそ汁コンテスト」を行い，調理計画や調理の仕方について工夫したことを交流しよう。 | ・みそ汁作りで工夫したことやアピールポイントをフリップ（画用紙）にまとめ，発表できるようにしておく。 |
| 20 | 2　できあがったみそ汁について，グループで工夫したことやアピールポイントを発表する。<br>3　他のグループの発表について，付箋によい点やアドバイス，疑問点などを記入し，交換する。 | ・審査員（保護者）には，審査項目を示す。<br>〔思考・判断・表現〕<br>④おいしく食べるために，みそ汁の調理計画や調理の仕方についての課題解決に向けた一連の活動について，考えたことを分かりやすく表現している。<br>（フリップ）（行動観察） |
| 15 | 4　審査員（保護者）からの感想やアドバイス，他のグループからの意見をもとに，みそ汁の調理計画や調理の仕方について振り返る。<br>5 それぞれのみそ汁の工夫点などについて話し合う<br>・栄養のバランスや季節を意識した実の取り合わせ<br>・実の切り方，入れ方　など | ・各グループの発表で，自分の実践計画に生かせそうなことをワークシートに記入するよう助言する。<br>〔思考・判断・表現〕<br>③おいしく食べるためにみそ汁の調理計画や調理の仕方について，実践を評価したり，改善したりしている。<br>（振り返りシート）<br>（マトリックス調理計画表） |
| 5 | 6　本時の学習を振り返る。<br>・家庭実践に生かしたいことを発表する。 | ・家庭実践への意欲につなげるようにする。 |

⑷ **学習評価の工夫**

本時の「思考・判断・表現」の評価規準③については，「秋のみそ汁コンテスト」を振り返る場面で，振り返りシートの記述内容から評価している。「健康」「安全」の視点から，栄養のバランスや季節を考えた材料や分量，切り方などの調理方法，調理の手順について，適切に自己評価するとともに，家庭実践に向けて具体的な改善策を記述している場合をおおむね満足できる」状況（B）と判断した。

「思考・判断・表現」の評価規準④については，「秋のみそ汁コンテスト」でのみそ汁のフリップの記述の状況や発表の様子などから評価している。グループでのみそ汁の工夫点やアピールポイントをフリップに表現し，調理の手順をおいしさ，安全，効率の視点から分かりやすく友達に伝えている場合を「おおむね満足できる」状況（B）と判断した。

## 6 主体的・対話的で深い学びの実現に向けた授業づくりのポイント

### (1) 各学習過程における学習指導の工夫

**生活の課題発見**

**〔2〕おいしいご飯とみそ汁を作ろう** **(1時間目)** **主体的な学びの視点**

家族が喜ぶ「わが家のとっておきの秋のみそ汁」の計画を立てるというめあてをもつことにより，主体的に学習に取り組むことができるようにしている。まず，家庭で調べてきたことをもとに，米飯とみそ汁の調理の仕方について問題を見いだし，おいしく食べるためにどのように調理をするとよいのか，追究する課題を設定している。

**解決方法の検討と計画**

**(2～4時間目)** **主体的な学びの視点**

おいしいご飯の炊き方やみそ汁の調理の仕方について，観察や実験を通して科学的に理解することで学習の見通しがもてるようにしている。

**対話的な学びの視点**

・米飯の調理の仕方では，鍋を用いて炊飯し，米の変化を観察し，気付いたことを発表し合う。**(2時間目)**

・みそ汁の調理の仕方では，みそ汁（だしの有無）を試食し，だしの役割について話し合い，みそ汁（大根・油あげ・ねぎ）の調理を観察し，作り方について気付いたことを発表し合う。**(3・4時間目)**

**課題解決に向けた実践活動**

**〔3〕「秋のみそ汁コンテスト」にチャレンジしよう** **対話的な学びの視点**

**(1～4時間目)**

・マトリックス調理計画表に分担する作業を記入し，グループで調理シミュレーション活動を取り入れる。おいしさ，安全，効率の観点から手順について気づいたこと話し合い，全体で交流し，グループの調理計画を見直すことができるようにしている。**(1・2時間目)**

・グループごとに計画に基づいて協力して，「秋のみそ汁」を作り，試食する。**(3時間目)**

・グループごとに「秋のみそ汁」について，フリップにまとめ，発表し合う。他のグループからの意見や審査員（保護者）からの評価を参考に改善点を話し合う。**(4時間目)**

調理シミュレーション

「みそ汁コンテスト」

**実践活動の評価・改善**

**〔4〕わが家のとっておきの秋のみそ汁を工夫しよう** **主体的な学びの視点**

**(1時間目)**

「わが家のとっておきの秋のみそ汁」では，「秋のみそ汁コンテスト」の学習を生かし，各自が家庭で一人で調理する場合の実践計画を立てる。実践計画をグループで交流し，見直すことで，家庭実践の見通しをもてるようにしている。

**深い学びの視点** 題材を通して，生活の営みに係る見方・考え方のうち，「健康・安全」はもとより「生活文化」の大切さへの気付きや「協力」についても意識できるようにしている。みそ汁作りのゴールを「わが家のとっておきの秋のみそ汁作り」の計画とし，「秋のみそ汁コンテスト」において見方・考え方を働かせ，課題を解決する。その際，栄養のバランスを考え，みそ汁の実を工夫し，安全で効率的においしく作るための方法を考える。グループ同士の意見交流や審査員（保護者）の評価をもとに，実践計画を立てる一連の学習活動を通して，これらの視点を質的に高めて概念の形成を促すことがポイントとなる。

### ⑵ 実践的・体験的な活動の充実

本題材では，調理の経験が少ない児童が，安全に留意し，確実に知識・技能を習得できるようにするため，シミュレーション活動を取り入れ，具体的な調理作業のイメージがもてるようにしている。

### ⑶ 家庭・地域との連携

パフォーマンス評価を取り入れ「わが家のとっておきの秋のみそ汁の計画」を課題として，家庭での実践をゴールに主体的に学習に取り組めるようにしている。「秋のみそ汁コンテスト」の審査員として保護者代表に参画してもらうことにより，そこでの評価が改善への動機づけとなって家庭での実践への意欲化につなげるようにしている。

## 本題材で使用したワークシートや資料

### ①マトリックス調理計画表

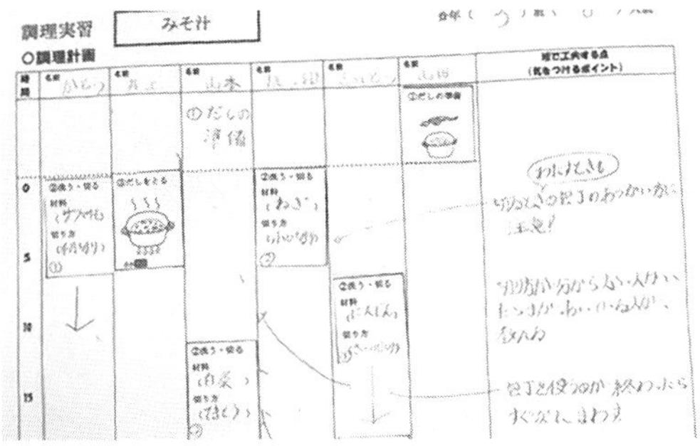


※〔3〕1～4時間目で使用

### ②実践計画表とルーブリック

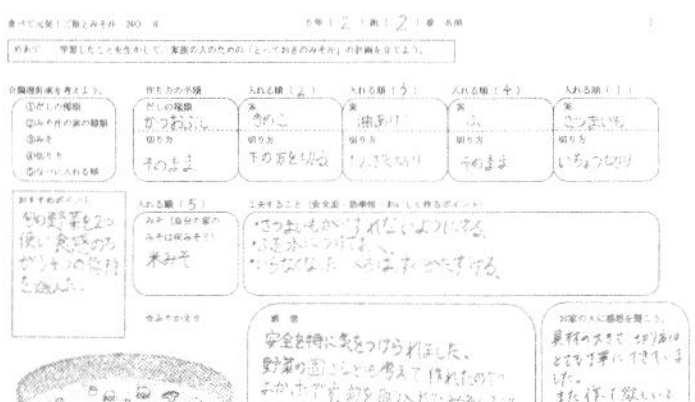

成果物「わが家のとっておきのみそ汁づくり」の計画を見取るためのルーブリック

| | |
|---|---|
| 3 | レベル2の条件に加えて　材料の大きさと加熱時間の関連を考えたり，効率を考えた調理の仕方にも目を向けて調理の計画が立てられている。また，みそ汁コンテストでの成果や課題を生かして改善している。 |
| 2 | 材料に応じて加熱時間を考えたり，安全面を考えたりして調理計画を立てている。 |
| 1 | 【支援】グループで作成した「みそ汁コンテスト」に至るまでにグループで話し合ったことや他のグループの発表から気づいたことをもとにして，「わが家のとっておきのみそ汁づくり」の計画に生かせるように助言する。 |

※〔4〕1時間目で使用

### ③「秋のみそ汁コンテスト」のフリップ

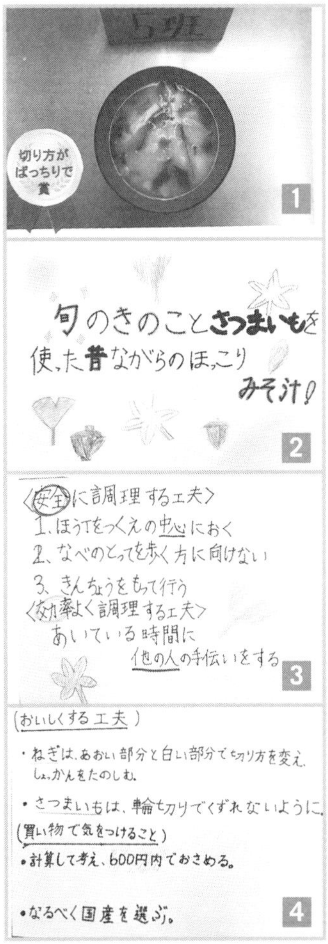


※〔3〕4時間目で使用

〈福井 博美〉

# いためて作ろう　朝食のおかず
## ～家族の「おいしい」をプロデュース～

B (1)アイ　(2)ア(ア)(イ)(ウ)(エ)イ　(3)ア(ウ)イ

## 1 題材について

本題材は，「B 衣食住の生活」の(2)「調理の基礎」のアの(ア)，(イ)，(ウ)，(エ)「材料に適したいため方」及びイと，(1)「食事の役割」のア及びイ，(3)「栄養を考えた食事」アの(ウ)及びイとの関連を図っている。「休日の朝食を改善しよう」という課題を設定し，その解決に向けて，食事の仕方や献立の立て方，材料に適したいため方を身に付け，それらを生かして栄養のバランスのよい朝食の献立や食事の仕方を考え，調理計画を立てて実践し，評価・改善する構成となっている。

## 2 題材の目標

(1)　調理に必要な材料の分量や手順が分かり，調理に必要な用具の安全な取扱い，調理に適した切り方，後片付け，材料に適したいため方について理解するとともに，それらに係る技能を身に付ける。

(2)　おいしく食べるためにいためる調理の調理計画や調理の仕方について問題を見いだして課題を設定し，様々な解決方法を考え，実践を評価・改善し，考えたことを表現するなどして課題を解決する力を身に付ける。

(3)　家族の一員として，生活をよりよくしようと，いためる調理の調理計画や調理の仕方について，課題の解決に向けて主体的に取り組んだり，振り返って改善したりして，生活を工夫し，実践しようとする。

## 3 題材の評価規準

| 知識・技能 | 思考・判断・表現 | 主体的に学習に取り組む態度 |
|---|---|---|
| ・調理に必要な材料の分量や手順について理解している。<br>・調理に必要な用具の安全な取扱いについて理解しているとともに，適切に使用できる。<br>・調理に適した切り方，後片付けを理解しているとともに，適切にできる。<br>・材料に適したいため方を理解しているとともに，適切にできる。 | おいしく食べるためにいためる調理の調理計画や調理の仕方について問題を見いだして課題を設定し，様々な解決方法を考え，実践を評価・改善し，考えたことを表現するなどして課題を解決する力を身に付けている。 | 家族の一員として，生活をよりよくしようと，いためる調理の調理計画や調理の仕方について，課題の解決に向けて主体的に取り組んだり，振り返って改善したりして，生活を工夫し，実践しようとしている。 |

## 4 指導と評価の計画 9時間

〔1〕朝食を見つめよう………………………………………………………………………1時間
〔2〕朝食に合う野菜いためを作ろう…………………（展開例１ 1，2/6 展開例２ 6/6）6時間
〔3〕休日の朝食を工夫しよう……………………………………………………………2時間

| 次時 | ○ねらい・学習活動 | 評価規準・評価方法 | | |
|---|---|---|---|---|
| | | 知識・技能 | 思考・判断・表現 | 主体的に学習に取り組む態度 |
| 〔1〕<br>1 | ○朝食の役割や食事の仕方が分かり，いためる調理の仕方，食事の仕方，朝食の献立について課題を設定することができる。<br>・朝食の役割や大切さ，朝食づくりの条件や朝食における食事の仕方について話し合う。<br>・毎日の朝食の献立について気付いたことを発表し合う。<br>・おいしく食べるためにいためる調理の仕方，食事の仕方，朝食の献立について問題を見いだし，課題を設定する。 | ①食事の役割や日常の食事の大切さと食事の仕方について理解しているとともに，適切にできる。<br>・ワークシート | ①おいしく食べるためにいためる調理の調理計画や調理の仕方，食事の仕方，朝食の献立について問題を見いだして課題を設定している。<br>・計画・実習記録表 | |
| 〔2〕<br>1<br>2<br>展開例1 | ○野菜の種類に応じたいため方を理解し，三色野菜いためを作ることができる。<br>・切り方や火加減を変えて調理したにんじん，キャベツを観察・試食する。<br>・三種類の野菜をいためる時の切り方やいためる順序などについて考え，発表する。<br>・示範を見て，フライパンの安全な取扱いと後片付けについてまとめる。<br>・二人一組で調理の実践を交流し，試食する。<br>児童A：調理する<br>児童B：観察する<br>①タブレットで，包丁の扱い方や野菜の切り方を撮影する。<br>②調理の様子を評価する。<br>・実習を振り返り，自己評価する。 | ②材料や目的に応じた切り方，いため方について理解しているとともに，適切にできる。<br>・ワークシート<br>・行動観察（動画）<br>・ミニテスト<br>**指導に生かす評価**<br>③フライパンの安全な取扱いと後片付けについて理解しているとともに，適切に使用できる。<br>・ワークシート<br>・行動観察（動画）<br>**指導に生かす評価** | | ①いためる調理の調理計画や調理の仕方，食事の仕方，朝食の献立について，課題の解決に向けて主体的に取り組もうとしている。<br>・ポートフォリオ<br>・行動観察 |
| 3 | ○朝食に合うオリジナル野菜いための材料や調理の仕方や手順，食事の仕方について考え，調理計画や食事の仕方を工夫することができる。<br>・オリジナル野菜いための条件を確認し，材料の分量や手順を考え，調理計画を立てる。<br>・試食の場面で大切にする食事の仕方について確認する。<br>・調理実習のペアと意見交換し，計画を見直す。 | ※前時の行動観察やミニテストの結果を指導に生かす。 | ②おいしく食べるためにいためる調理の調理計画や調理の仕方，食事の仕方について実践に向けた計画を考え，工夫している。<br>・計画・実習記録表<br>**指導に生かす評価** | |

| | | | | |
|---|---|---|---|---|
| 4<br><br>5 | ○材料や目的に応じた切り方，いため方で，オリジナル野菜いためを調理することができる。<br>・調理計画に基づき，二人一組で調理の実践を交流する。<br>児童A：調理する<br>児童B：観察する<br>①タブレット端末で，包丁の扱い方や野菜の切り方を撮影する。<br>②調理の様子を評価する。 | ②材料や目的に応じた切り方，いため方について理解しているとともに，適切にできる。<br>・行動観察（動画）<br>**記録に残す評価**<br>③フライパンの安全な取扱いと後片付けについて理解しているとともに，適切に使用できる。<br>・行動観察（動画）<br>**記録に残す評価** | | |
| 6<br><br>**展開例2** | ○朝食に合うオリジナル野菜いための調理計画や調理の仕方，食事の仕方について振り返り，改善することができる。<br>・ペアで行った相互評価やグループでの話合いをもとに，調理計画や調理の仕方，食事の仕方を改善する。<br>・改善点をまとめ，家庭実践に向けて工夫したいことを考える。 | | ③おいしく食べるためにいためる調理の調理計画や調理の仕方，食事の仕方について，実践を評価したり，改善したりしている。<br>・計画・実習記録表 | ②いためる調理の調理計画や調理の仕方，食事の仕方，朝食の献立について，課題の解決に向けた一連の活動を振り返って改善しようとしている。<br>・ポートフォリオ<br>・行動観察 |
| 〔3〕<br>1<br><br>2 | ○家庭で実践する休日の朝食の献立を考え，調理計画，調理の仕方，食事の仕方を工夫することができる。<br>・ごはんとみそ汁に，いためるおかずを組み合わせた休日の朝食の献立を作成する。<br>・調理に必要な材料や分量などを考え，調理計画を立てる。<br>・家族と楽しく食べるための食事の仕方を考える。<br>○家庭で実践する朝食の献立，調理計画や調理の仕方，食事の仕方について発表することができる。<br>・朝食の献立，調理計画や調理の仕方，食事の仕方について，グループでアドバイスし合う。 | | ②おいしく食べるためにいためる調理の調理計画や調理の仕方，食事の仕方，朝食の献立について実践に向けた計画を考え，工夫している。<br>・計画・実践記録表<br>**記録に残す評価**<br>④おいしく食べるためにいためる調理の調理計画や調理の仕方，食事の仕方，朝食の献立についての課題解決に向けた一連の活動について，考えたことを分かりやすく表現している。<br>・計画・実践記録表<br>・行動観察 | ③いためる調理の調理計画や調理の仕方，食事の仕方，朝食の献立について工夫し，実践しようとしている。<br>・ポートフォリオ<br>・計画・実習記録表<br>・行動観察 |
| 家庭実践　計画に基づいて，休日の朝食を調理する。 | | | | |

## 5 本時の展開

**【展開例 1】〔2〕（1・2/6 時間）**

⑴ **小題材名** 朝食に合う野菜いためを作ろう

⑵ **ねらい** 野菜の種類に応じたいため方を理解し，三色野菜いためを作ることができる。

⑶ **展 開**

| 時（分） | 学習活動 | ・指導上の留意点<br>評価規準 （評価方法） |
|---|---|---|
| 5 | 1 本時のめあてを確認する。<br>野菜に合ったいため方で，三色野菜いためをつくろう。 | ・第5学年「ゆでる調理」を想起させて，野菜の種類や大きさ，切り方によって火の通り加減が異なることを確認する。 |
| 5 | 2 切り方や火加減を変えていためたにんじん，キャベツを観察・試食し，火加減やいためる順序などのポイントを考える。 | ・二つの野菜いためを見比べて，野菜の色や硬さなどの違いを観察できるようにする。 |
| 10 | 3 教師の示範を見て，フライパンの安全な取扱いと後片付け，油の処理についてまとめる。 | |
| 50 | 4 二人一組で調理の実践を交流し，試食する。<br>児童A：調理する<br>児童B：観察する<br>①タブレット端末で，包丁の扱い方や野菜の切り方を撮影する。<br>②調理の様子を評価する。 | ・切り方見本を用意し，自分の切り方と比べることができるようにする。<br>〔知識・技能〕<br>②材料や目的に応じた切り方，いため方について理解しているとともに，適切にできる。<br>（ワークシート）（行動観察）（ミニテスト）<br>**指導に生かす評価** |
| 10 | 5 ペアが撮影したタブレット端末の動画を用いて，実習を振り返り，調理の仕方について自己評価をする。 | 〔知識・技能〕<br>③フライパンの安全な取扱いと後片付けについて理解しているとともに，適切に使用できる。<br>（ワークシート）（行動観察）<br>**指導に生かす評価** |
| 5 | 6 ミニテストで，野菜の種類に応じたいため方を確認する。 | |
| 5 | 7 本時の学習を振り返り，次時の活動を確認する。 | 〔主体的に学習に取り組む態度〕<br>①いためる調理の調理計画や調理の仕方，食事の仕方，朝食の献立について，課題の解決に向けて主体的に取り組もうとしている。<br>（ポートフォリオ）（行動観察） |

⑷ **学習評価の工夫**

本時の「知識・技能」の評価規準②，③については，材料や目的に応じた切り方，いため方，フライパンの安全な取扱いと後片付けについて理解し，適切にできているかを行動観察（調理の動画）やミニテストから評価している。野菜いためは，2回の調理実習を取り入れ，1回目（本時）の三色野菜いための調理は，「指導に生かす評価」（「努力を要する」状況（C）と判断される児童への手立てを考えるための評価）とする。2回目のオリジナル野菜いため（4，5時間目）は，「記録に残す評価」としている。ミニテストでは，野菜いための調理に関する一連の調理操作（材料の切り方，いため方，いためる時間や火力，フライパンの安全な取扱いと後片付け）だけでなく，なぜそのようにするのか，手順の根拠などを理解しているかどうかを評価している。例えば，下記の問題では，野菜のいため方の手順について，理由とともにアドバイスを記述している場合を「おおむね満足できる」状況（B）と判断した。その際，「努力を要する」状況（C）と判断される児童に対しては，3時間目の「オリジナル野菜いため」の調理計画を立てる際に，切り方やいためる順序を変えたらどうなるのかを考え，材料に応じた切り方やいためる手順を再確認したり，切り方を動画で振り返ったりするなど，個に応じた指導を工夫する。

「主体的に学習に取り組む態度」の評価規準①については，三色野菜いためを調理し，基礎的・基本的な知識及び技能を身に付ける場面で，ポートフォリオの記述内容や行動観察から評価している。よりおいしく作るために，見本の切り方を何度も確かめたり，動画を振り返って確認したりするなど，自分なりに解決しようとしている場合を，「おおむね満足できる」状況（B）と判断した。

**◆評価に関する資料**

ミニテストの一部

問題

ゆいさんは，三食野菜いためを次の材料を使い，①→②→③の順で作りましたが、試食をしてみると，野菜が固かったり，こげてしまったりして，おいしく仕上がりませんでした。どうしたらおいしい三色野菜いためができるか考えて，その理由も伝わるように，ゆいさんにアドバイスをしましょう。

①玉ねぎ（2 cm幅のくし形切り） ②小松菜（5 センチ幅） ③にんじん（5 mm幅のせん切り）

＜アドバイス＞ 知・技②

**【展開例 2】〔2〕（6/6 時間）**

⑴ **小題材名** 朝食に合う野菜いためを作ろう

⑵ **ねらい** 朝食に合うオリジナル野菜いための調理計画や調理の仕方，食事の仕方について振り返り，改善することができる。

⑶ **展　開**

| 時（分） | 学習活動 | ・指導上の留意点<br>評価規準 （評価方法） |
|---|---|---|
| 5 | 1　本時のめあてを確認する。 | ・ワークシートを使って前時の学習を想起 |

| | | |
|---|---|---|
| | 朝食に合うオリジナル野菜いため作りを振り返り，調理計画を改善しよう。 | させる。 |
| 5 | 2 タブレット端末で撮影した動画をもとに，野菜の切り方について自己評価をする。 | ・1回目の調理実習(三色野菜いため)で撮影した動画と見比べて評価することで，技能の上達を確認できるようにする。 |
| 10 | 3 調理の仕方やいためる順序についてペアで相互評価をしたり，献立や味付け，作業の効率についてグループでアドバイスしたりする。 | **〔思考・判断・表現〕**<br>③おいしく食べるためにいためる調理の調理計画や調理の仕方，食事の仕方について，実践を評価したり，改善したりしている。<br>(計画・実習記録表) |
| 10 | 4 アドバイスをもとに，調理計画や調理の仕方を改善する。<br>改善の視点<br>①切り方 ②いためる順番 ③安全 | |
| 10 | 5 調理実習での食事の仕方を振り返り，家族と楽しく食べる食事の仕方について工夫したいことを考える。 | ・試食の様子を撮影して掲示し，家族との食事の仕方について考えられるようにする。 |
| 5 | 6 本時の学習を振り返り，次時の活動を確認する。 | **〔主体的に学習に取り組む態度〕**<br>②いためる調理の調理計画や調理の仕方，食事の仕方，朝食の献立について，課題の解決に向けた一連の活動を振り返って改善しようとしている。<br>(ポートフォリオ)(行動観察) |

### (4) 学習評価の工夫

本時の「思考・判断・表現」の評価規準③については，オリジナル野菜いための実習を振り返る場面で，計画・実習記録表の記述内容から評価している。材料に応じた切り方やいため方，いためる時間や火力，フライパンの取扱いと後片付けについての改善点を具体的に記述している児童を「おおむね満足できる」状況（B）評価と判断した。また，家庭実践に向けて，家族の好みを考え，材料を見直したり，味の付け方について改善したりしている場合を「十分満足できる」状況（A）と判断することが考えられる。

「主体的に学習に取り組む態度」の評価規準②については，オリジナル野菜いための調理を振り返る場面で，ポートフォリオの記述内容や行動観察から評価している。調理計画や調理の仕方，食事の仕方について，適切に自己評価し，家庭実践に向けて取り組もうとしている場合を「おおむね満足できる」状況（B）と判断した。

**◆評価に関する資料**

計画・実習記録表の一部

【改善したいポイントに☑を入れよう】 □野菜の切り方　□いためる順序　□安全で衛生的な調理

（振り返り）今日の実習では…

（新しい課題）次の調理では…

思③

## 6 主体的・対話的で深い学びの実現に向けた授業づくりのポイント

### (1) 各学習過程における学習指導の工夫

**生活の課題発見**

**〔1〕朝食を見つめよう** （1時間目） **主体的な学びの視点**

サーモグラフィカメラを使って食事前後の体温変化を表した資料や，食事によって脳の働きが活発になることを示した資料を提示し，科学的な根拠を明確に示すことによって，朝食の大切さについての実感を伴った理解を促し，児童が主体的に学習に取り組めるようにしている。また，日常の食事を振り返って献立について気付いたことを話し合うことで，健康について考え，おいしく食べるために調理の仕方，食事の仕方，献立について課題を設定できるようにしている。

**解決方法の検討と計画**

**〔2〕朝食に合う野菜いためを作ろう** （1・2時間目） **主体的な学びの視点**

切り方やいため方が異なるにんじんやキャベツを観察・試食することで課題をもったり，タブレット端末で野菜の切り方や包丁の正しい扱い方の動画を確認することで，児童一人一人が改善点を明らかにしたりして，主体的に学習に取り組めるようにしている。

児童が材料を切っている様子

**課題解決に向けた実践活動**

調理計画にもとづいて，オリジナル野菜いためを調理しよう（4・5時間目）

**実践活動の評価・改善**

（6時間目） **対話的な学びの視点** **主体的な学びの視点**

おいしい野菜いためを作るために，ペアでいためる順序について相互評価している。家庭実践に向けて，ペアやグループで調理計画や調理の仕方について工夫を伝え合い，野菜の切り方やいため方，味の付け方や作業の効率について改善策を共有できるようにしている。

**〔3〕休日の朝食を工夫しよう** （2時間目）

各自がオリジナル野菜いためを副菜とした休日の朝食献立を考える際，野菜いための実習を生かすとともに，家族の好みなどについて考え，グループでアドバイスし合い，家庭実践の見通しをもつことができるようにしている。

いためる調理の改善策をグループで共有する様子

**深い学びの視点** 題材を通して，生活の営みに係る見方・考え方のうち「健康」の視点を意識できるようにしている。児童は，生活経験から，毎日朝食を食べることは分かっているものの，その大切さについて理解している児童は少ない。そこで，自分や家族の日常の朝食を振り返ったり，朝食と健康的な生活の関連を科学的な根拠とともに提示したりすることで，朝食の役割について理解を深めていく。さらに，朝食のおかずとしての野菜いため作りに必要な知識及び技能を身に付けたり，家族の健康を考えた朝食の献立を立てたりするという一連の学習活動を通して，「健康」への理解を深め，概念の形成を促すことがポイントとなる。

**⑵ 個に応じた指導の充実**

本題材では，基本の三色野菜いためづくりの調理後，材料に合った切り方やいためる順序についての知識及び技能の習得状況を把握し指導に生かすため，ミニテストを実施している。ミニテスト実施後，いためる調理の技能の根拠となる知識が身に付いていないと判断される児童には，次時において改めて野菜の切り方やいためる順序を確認し，個に応じた指導を工夫している。

**⑶ ICT の活用**

本題材では，「切り方の技能の習得」において，タブレット端末を活用し，技能の上達につなげるようにしている。

・調理の場面では，見本となる正しい切り方や包丁の持ち方などの動画を準備し，確かめながら切ることができるようにしている。

・調理を振り返る場面では，撮影した動画をもとに，自分の野菜の切り方と友達の野菜の切り方を見比べて，評価し合うことで，調理の仕方や調理計画の改善に生かすことができるようにしている。

## 本題材で使用したワークシートや資料

### 計画・実習記録表

**いためてつくろう 朝食のおかず** ～家族の『おいしい』をプロデュース～　年　組　名前

| めあて | | | | | | | |
|---|---|---|---|---|---|---|---|
| 材料と分量 | 材料①（ピンクのふせん） | | 材料②（青いふせん） | | 材料③（黄色いふせん） | | 調味料など |
| | | g | | g | | g | |
| 切り方 | | | | | | | |
| おいしいいためものづくりのための、調理計画を考えよう | | | | | | | |

| 時間 | | 0 | 5 | 10 | 15 | 20 | 25 | 30 |
|---|---|---|---|---|---|---|---|---|
| 【調理名】 | 計画 | | | | | | 思② | |
| | 改善 | | | | | | 思③ | |

今日の活動をふりかえろう

| | 自分 | ペア |
|---|---|---|
| 切り方 | ☆ ☆ ☆ ☆ | ☆ ☆ ☆ ☆ |
| いためる順番 | ☆ ☆ ☆ ☆ | ☆ ☆ ☆ ☆ |
| いため方 | ☆ ☆ ☆ ☆ | ☆ ☆ ☆ ☆ |
| 調理全体の流れ | ☆ ☆ ☆ ☆ | ☆ ☆ ☆ ☆ |

【改善したいポイントに を入れよう】 □野菜の切り方　□いためる順序　□安全で衛生的な調理

(振り返り)今日の実習では…

(新しい課題)次の調理では…

思③

※〔2〕3時間目，6時間目で使用

〈小笠原 由紀〉

# 9

第5学年 B 衣食住の生活

# 栄養のバランスのよい休日ランチを作ろう

B⑴ア　⑵ア(ア)(オ)イ　⑶ア(ア)(イ)(ウ)イ

## 1 題材について

「B 衣食住の生活」の⑶「栄養を考えた食事」については，⑴「食事の役割」，⑵「調理の基礎」との関連を図り，調理を通して食品を扱った後に，料理や食品をどのように組み合わせて食べるのかを繰り返し学習することにより，栄養・献立の基礎を確実に習得できるようにしている。2学年間を見通して三つの題材を配列しており，本題材は，第5学年の米飯及びみそ汁の調理と関連を図り，栄養バランスのよい休日の昼食の献立づくりを課題とし，その解決に向けて1食分の献立を工夫し，評価・改善する構成となっている。

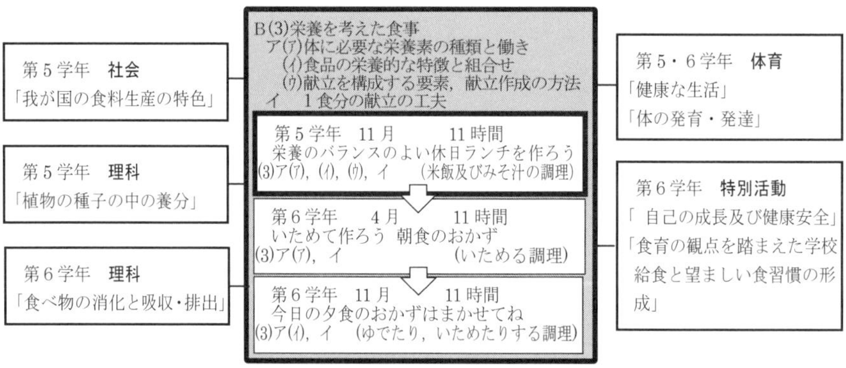


「B 衣食住の生活」の（3）「栄養を考えた食事」についての題材配列と他教科等との関連

## 2 題材の目標

⑴ 食事の役割と食事の大切さ，体に必要な栄養素の種類と主な働き，食品の栄養的な特徴と組合せ，献立を構成する要素，1食分の献立作成の方法，伝統的な日常食である米飯及びみそ汁の調理の仕方について理解するとともに，それらに係る技能を身に付ける。

⑵ 米飯及びみそ汁の調理計画や調理の仕方，1食分の献立について問題を見いだして課題を設定し，様々な解決方法を考え，実践を評価・改善し，考えたことを表現するなどして課題を解決する力を身に付ける。

⑶ 家族の一員として，生活をよりよくしようと，食事の役割，伝統的な日常食である米飯及びみそ汁の調理の仕方及び栄養を考えた1食分の献立について，課題の解決に向けて主体的に取り組んだり，振り返って改善したりして，生活を工夫し，実践しようとする。

## 3 題材の評価規準

| 知識・技能 | 思考・判断・表現 | 主体的に学習に取り組む態度 |
|---|---|---|
| ・食事の役割が分かり，日常の食事の大切さについて理解している。<br>・体に必要な栄養素の種類と働き，食品の栄養的な特徴と組合せ，献立を構成する要素，1食分の献立作成の方法について理解している。<br>・調理に必要な材料の分量や手順が分かり，調理計画を理解している。<br>・伝統的な日常食である米飯及びみそ汁の調理の仕方を理解しているとともに，適切にできる。 | 米飯及びみそ汁の調理計画や調理の仕方，1食分の献立について問題を見いだして課題を設定し，様々な解決方法を考え，実践を評価・改善し，考えたことを表現するなどして課題を解決する力を身に付けている。 | 家族の一員として，生活をよりよくしようと，食事の役割，伝統的な日常食である米飯及びみそ汁の調理の仕方及び栄養を考えた1食分の献立について，課題の解決に向けて主体的に取り組んだり，振り返って改善したりして，生活を工夫し，実践しようとしている。 |

## 4 指導と評価の計画 11時間

〔1〕毎日の食事を見つめよう……………………………………………………………1時間
〔2〕栄養を考えた1食分の献立を立てよう…………………………（展開例1 4/4）4時間
〔3〕おいしいごはんとみそ汁を作ろう（省略）…………………………………………4時間
〔4〕栄養のバランスのよい休日ランチの献立を考えよう……………（展開例2 1/2）2時間

| 次時 | ○ねらい・学習活動 | 評価規準・評価方法 知識・技能 | 思考・判断・表現 | 主体的に学習に取り組む態度 |
|---|---|---|---|---|
| 〔1〕<br>1 | ○食事の役割と日常の食事の大切さについて理解するとともに，米飯及びみそ汁が伝統的な日常食であることを理解することができる。<br>・日常の食事を振り返り，食事の役割について話し合う。<br>・米飯とみそ汁を日常的に食べている理由や米飯とみそ汁のよさについて考える。 | ①食事の役割と日常の食事の大切さについて理解するとともに，米飯及びみそ汁が伝統的な日常食であることを理解している。<br>・ワークシート<br>＊ペーパーテスト | | |
| 〔2〕<br>1 | ○休日ランチの献立，米飯及びみそ汁の調理の仕方について問題を見いだして課題を設定することができる。<br>［栄養のバランスのよい休日ランチのこんだてを考えよう］<br>・平日（学校給食）と休日の昼食を振り返り，気付いたことを発表し合う。<br>・各自が課題を設定する。<br>・学習の見通しをもつ。<br>［・栄養を考えた1食分の献立<br>・ごはんとみそ汁の調理<br>・休日ランチの献立］ | | ①休日ランチの献立，米飯及びみそ汁の調理の仕方について問題を見いだして課題を設定している。<br>・ワークシート<br>・行動観察 | |

| | | | | |
|---|---|---|---|---|
| **2** | ○体に必要な栄養素の種類と主な働きについて理解することができる。<br>・日常食べている食品に含まれる栄養素の種類や主な働きを調べて発表する。<br>・栄養を考えて食事をとるにはどうしたらよいか考える。 | ②体に必要な栄養素の種類と主な働きについて理解している。<br>・ワークシート<br>＊ペーパーテスト | | |
| **3** | ○食品の栄養的な特徴が分かり，料理や食品を組み合わせてとる必要があることを理解することができる。<br>・当日の学校給食に使われている食品を三つのグループに分け，食品の栄養的な特徴について話し合う。<br>・いろいろな食品を三つのグループに分類する。 | ③食品の栄養的な特徴が分かり，料理や食品を組み合わせてとる必要があることを理解している。<br>・ワークシート<br>・確認テスト<br>**指導に生かす評価** | | |
| **4**<br><br>**展開例1** | ○献立を構成する要素が分かり，1食分の献立作成の方法について理解することができる。<br>・1週間の学校給食の献立（主食，主菜，副菜）に使われている食品を三つのグループに分け，気付いたことを話し合う。<br>・デジタル教材を活用して，ごはんとみそ汁に組み合わせる主菜と副菜を選び，1食分の献立を考える。<br>・献立作成の方法を確認し，立てた献立の栄養のバランスを検討する。 | ③食品の栄養的な特徴が分かり，料理や食品を組み合わせてとる必要があることを理解している。<br>・ワークシート<br>＊ペーパーテスト<br>**記録に残す評価**<br>④献立を構成する要素が分かり，1食分の献立作成の方法について理解している。<br>・ワークシート<br>**指導に生かす評価** | | ①伝統的な日常食である米飯及びみそ汁の調理の仕方及び栄養を考えた1食分の献立について，課題の解決に向けて主体的に取り組もうとしている。<br>・ポートフォリオ<br>・行動観察 |
| **〔3〕** | おいしいごはんとみそ汁を作ろう | ⑤～⑦（省略） | | |
| **〔4〕**<br>**1**<br><br>**展開例2** | ○休日ランチの献立について栄養のバランスを考え，工夫することができる。<br>・わが家の休日ランチの献立を考える。<br>・栄養のバランスを調べる。<br>・グループの友達と意見交流し，献立を見直す。 | | ②休日ランチの献立，米飯及びみそ汁の調理計画や調理の仕方について考え，工夫している。<br>・献立表 | ②伝統的な日常食である米飯及びみそ汁の調理の仕方及び栄養を考えた1食分の献立について，課題の解決に向けた一連の活動を振り返って改善しようとしている。<br>・ポートフォリオ<br>・行動観察 |
| | ○立てた献立を発表し合い，栄養を考えた休日ランチの献立を見直し，改善することができる。<br>・立てた献立についてグループで発表し合う。<br>・休日ランチの献立を改善する。 | ④献立を構成する要素が分かり，1食分の献立作成の方法について理解している。<br>・ワークシート<br>・行動観察<br>＊ペーパーテスト<br>**記録に残す評価** | ③休日ランチの献立，米飯及びみそ汁の調理計画や調理の仕方について評価したり，改善したりしている。<br>・献立表<br>・相互評価 | ③伝統的な日常食である米飯及び |

| | | | | |
|---|---|---|---|---|
| 2 | | | ④休日ランチの献立，米飯及びみそ汁の調理計画や調理の仕方についての課題解決に向けた一連の活動について，考えたことを分かりやすく表現している。<br>・献立表<br>・発表 | みそ汁の調理の仕方及び栄養を考えた1食分の献立について工夫し，実践しようとしている。<br>・ポートフォリオ<br>・行動観察 |
| 家　庭　実　践 | | | | |

＊ペーパーテストについては，ある程度の内容のまとまりについて実施する。

## 5 本時の展開

**【展開例 1】〔2〕(4/4 時間)**

**(1) 小題材名**　栄養を考えた1食分の献立を立てよう

**(2) ねらい**　献立を構成する要素が分かり，1食分の献立作成の方法について理解することができる。

**(3) 展　開**

| 時（分） | 学習活動 | ・指導上の留意点<br>評価規準（評価方法） |
|---|---|---|
| 3 | 1　本時のめあてを確認する。<br>栄養のバランスのよい1食分のこんだての立て方を考えよう。 | |
| 5 | 2　前時の学習を生かし，1週間の学校給食の献立に含まれる食品を三つのグループに分ける。 | ・1人1食を担当し，グループで1週間分の結果を共有し，主食，主菜，副菜の特徴に気付くようにする。 |
| 10 | 3　グループで結果を共有し，三つのグループ分けが合っているかを確認し合い，献立について気付いたことを話し合う。 | 〔知識・技能〕<br>③食品の栄養的な特徴が分かり，料理や食品を組み合わせてとる必要があることを理解している。<br>（ワークシート）（＊ペーパーテスト） |
| 3 | 4　給食献立の立て方について栄養教諭の話を聞く。 | **記録に残す評価** |
| 10 | 5　献立作成の方法に沿って，ごはんとみそ汁に組み合わせる主菜や副菜を選び，1食分の献立を考える。(ICT の活用) | ・デジタル教材を活用して日常食によく用いられる料理例を示し，主菜と副菜を選ぶことができるようにする。 |
| 6 | 6　考えた献立に使われている食品を三つのグループに分け，栄養のバランスを確かめる。 | ・栄養のバランスをよくするためには，必要に応じて料理や汁物の実などを工夫すればよいことを理解できるようにする。 |
| 5 | 7　1食分の食事の献立作成の方法をもとに必要に応じて献立を見直す。 | 〔知識・技能〕<br>④献立を構成する要素が分かり，1食分の献立作成の方法について理解している。<br>（ワークシート） |

| | | |
|---|---|---|
| | | **指導に生かす評価**<br>〔主体的に学習に取り組む態度〕<br>①伝統的な日常食である米飯及びみそ汁の調理の仕方及び栄養を考えた１食分の献立について，課題の解決に向けて主体的に取り組もうとしている。<br>（ポートフォリオ）（行動観察） |
| 3 | 8　本時の学習を振り返り，次時の活動を確認する。 | |

### ⑷　学習評価の工夫

本題材の「知識・技能」の評価規準③については，〔2〕の３時間目で，当日の学校給食に使われている食品を三つのグループに分ける場面を「指導に生かす評価」とし，本時を「記録に残す評価」としている。食品を三つのグループに分けて栄養のバランスを確かめる場面で，ワークシートの記述内容から評価している。食品の栄養的な特徴をもとに三つのグループに適切に分類することができ，献立の特徴を記入している場合を「おおむね満足できる」状況（B）と判断した。また，評価規準④については，１食分の食事の献立作成の方法に沿って献立を考える場面や献立を見直す場面で，ワークシートの記述内容から評価している。本時は，「指導に生かす評価」とし，「努力を要する」状況（C）と判断される児童に対しては，献立の構成要素や献立作成の方法を再確認し，栄養教諭のアドバイスを参考に栄養のバランスを確かめるなど，個に応じた指導を行う。

「主体的に学習に取り組む態度」の評価規準①については，学習を振り返る場面で，ポートフォリオの記述内容や行動観察から評価している。健康的な食生活を目指して，生活経験や習得した知識を活用して，栄養を考えた１食分の献立作成の方法を理解しようと努力している場合を「おおむね満足できる」状況（B）と判断した。

**◆評価に関する資料**

ワークシートの一部

「知識・技能」③の「おおむね満足できる」状況（B）の記述例

| めあて | | 栄養のバランスのよい１食分のこんだての立て方を考えよう | | |
|---|---|---|---|---|
| （月）曜日の給食のこんだて | | 食品のグループ | | |
| | | 主にエネルギーのもとになる食品 | 主に体をつくるもとになる食品 | 主に体の調子を整えるもとになる食品 |
| 料理名 | ごはん | 米 | 知・技③ | |
| | さけのてり焼き | 油 | さけ | |
| | 野菜のごまあえ | ごま | | ほうれんそう，にんじん，もやし |
| | みそ汁<br>牛乳 | | みそ，わかめ，<br>牛乳 | しいたけ，たまねぎ |
| １週間のこんだてから気づいたこと | | ごはんやパン，めんは，必ずある。いろいろな食品が使われている。 | | |

**【展開例２】〔4〕（1/2時間）**

⑴　**小題材名**　栄養のバランスのよい休日ランチの献立を考えよう

**(2) ねらい** 休日ランチの献立について，栄養のバランスを考え，工夫することができる。

**(3) 展　開**

| 時(分) | 学習活動 | ・指導上の留意点<br>評価規準（評価方法） |
|---|---|---|
| 5 | 1 本時のめあてを確認する。<br>栄養のバランスのよい休日ランチのこんだてを工夫しよう | ・休日ランチの課題を確認し，適切な解決方法を工夫できるよう助言する。 |
| 15<br>5<br>5<br>10 | 2 わが家の休日ランチの課題を踏まえ，実習したごはんとみそ汁に主菜と副菜を組み合わせて献立を立てる。<br>3 食品を三つのグループに分けて，栄養のバランスを確認する。<br>4 栄養のバランスをよくするために料理や食品の組合せを検討する。<br>5 グループの友達と意見交流し，献立を見直す。 | ・主菜と副菜をデジタル教材の料理例から選ぶことができるようにする。<br>・献立を改善する際に，その根拠を明確に説明できるようにする。<br>〔思考・判断・表現〕<br>②休日ランチの献立，米飯及びみそ汁の調理計画や調理の仕方について考え，工夫している。<br>（献立表） |
| 5 | 6 本時の学習を振り返り，次時の活動を確認する。<br>・よりよい献立にするためにがんばったこと | 〔主体的に学習に取り組む態度〕<br>② 1 食分の献立について，課題の解決に向けた一連の活動を振り返って改善しようとしている。<br>（ポートフォリオ）（行動観察） |

**(4) 学習評価の工夫**

本時の「思考・判断・表現」の評価規準②については，休日ランチの献立を立てる場面で，献立表の記述内容から評価している。休日ランチの食事内容の課題を解決するために「健康」の視点から，栄養のバランスを考え，休日ランチの 1 食分の献立について，主菜や副菜を工夫している場合を「おおむね満足できる」状況（B）と判断した。また，彩りや味のバランス，季節，好みなど，様々な観点から工夫している場合を「十分満足できる」状況（A）と判断することが考えられる。

「主体的に学習に取り組む態度」の評価規準②については，献立を立てる場面で，ポートフォリオの記述内容や行動観察から評価している。休日ランチの献立について，栄養のバランスのよい献立になっているかを適切に自己評価して複数の主菜や副菜から検討し，料理や食品を改善しようとしている場合を「おおむね満足できる」状況（B）と判断した。

**◆評価に関する資料**

ポートフォリオの一部

「主体的に学習に取り組む態度」②の「おおむね満足できる」状況（B）の記述例

| 自分の課題 | バランスばっちり健康ランチのこんだて | | | |
|---|---|---|---|---|
| | 月日 | 学習したこと | できたこと・できなかったこと・改善したこと | 解決度 |
| 10 | ／ | 栄養のバランスのよい休日ランチのこんだての工夫 | 栄養のバランスを調べたら，主菜も副菜も油を使った料理でした。友達の意見を聞いたり，調理方法を調べたりして，副菜をゆでる料理に変えて健康ランチのこんだてにしました。 態② | 90％ |

## 6 主体的・対話的で深い学びの実現に向けた授業づくりのポイント

### (1) 各学習過程における学習指導の工夫

**生活の課題発見**

**〔2〕栄養を考えた１食分の献立を立てよう（１時間目）**

主体的な学びの視点

学習したことを実際の生活で実践することは，学びへの意欲を高め，主体的に学習活動に取り組むことにつながる。休日ランチの献立について，平日（学校給食）と比較することにより，健康によい昼食の献立を考え，家族にも食べさせたいというめあてをもつことができるようにする。また，栄養のバランスのよい休日ランチの献立づくりに向けた学習計画を確認し，見通しをもつことができるようにしている。

学校給食と休日ランチ

**解決方法の検討と計画**

**〔4〕栄養のバランスのよい休日ランチの献立を立てよう（１時間目）**

対話的な学びの視点

我が家の休日ランチの献立について，課題ごとのグループを編成して交流し，自分の献立の改善に取り組むことができるようにしている。全体で共有する際には，選んだ主菜ごとに組み合わせた副菜を発表し合い，多様な組合せや味のバランスに気付くことができるようにしている。児童同士で意見を共有して互いの考えを深めたり，彩りや季節などについて，栄養教諭との会話を通して自らの考えを広げたりすることができるようにしている。

児童同士の交流の様子

**課題解決に向けた実践活動**

**実践活動の評価・改善**

**（２時間目）**

対話的な学びの視点

主体的な学びの視点

休日ランチ発表会では，工夫したことやおすすめポイントを紹介し合う場を設定し，ナイスカードやアドバイスカードを用いて意見を交流できるようにしている。友達の献立やアドバイスをもとに献立を振り返り，新たな課題を見付け，さらに改善してよりよい献立を作成する。児童が課題を解決できた達成感を味わい，一連の学習過程を通して身に付けた力を家庭実践へとつなげ，主体的に取り組むことができるようにしている。

**深い学びの視点** 題材を通して，「健康」などの視点から休日の昼食について考えることができるようにしている。子供たちは，既習の知識や生活体験などから，食事は健康に欠かせない大切なものだと漠然と捉えている。そこで，食事の役割について理解を深め，健康という視点から昼食の献立や調理についての課題を設定し，課題の解決に向けて栄養素の種類と主な働きや食品の栄養的特徴，献立作成の方法に関する知識を身に付け，さらに，伝統的な日常食である米飯とみそ汁の調理の知識及び技能を身に付ける。身に付けた知識及び技能を生かして，健康を考えた休日ランチの献立を立て、家庭で実践するという一連の学習過程によって，題材の始めには漠然としていた「健康」という言葉の理解が深まり，概念の形成を促すことがポイントとなる。

### ⑵ ICT の活用

本題材では, ICT を積極的に活用して主体的・対話的で深い学びの実現を目指した授業改善を図っている。例えば，献立作成の導入では，平日と休日の献立例や一週間の学校給食の献立を電子黒板で提示することで興味・関心を高め，問題を発見し，課題を設定できるようにしている。献立作成の場面では，児童一人一人がタブレット端末を活用して主菜や副菜を選ぶことで，何度も試行錯誤しながら献立を考えることが容易となる。グループでの交流や休日ランチ発表会では, 電子黒板に献立を提示することで, 児童が，思考の過程や結果を分かりやすく説明し，友達の献立を参考に改善に取り組むことができるようにしている。

友達との交流の様子

全体での発表の様子

### ⑶ 個に応じた指導の充実（指導形態の工夫）

日常生活に即して具体的に学習できるように，本題材では，学校給食の献立との関連を図り，栄養教諭とのティームティーチングを取り入れている。学校給食に用いられている食品や献立の工夫について栄養教諭が説明したり，食品の栄養的な特徴や組合せ，健康によい食事のとり方などについて助言したりしている。このような指導体制により，児童が作成した 1 食分の献立に具体的なアドバイスを行い，個に応じた指導を充実して学習内容の定着を図っている。

## 本題材で使用したワークシートや資料

### デジタル教材の一部

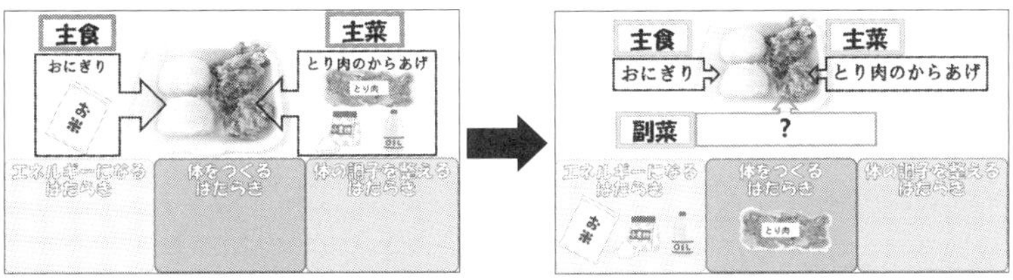

・献立を構成する要素や 1 食分の献立作成の方法の例
・プレゼンテーションソフトを用いて作成

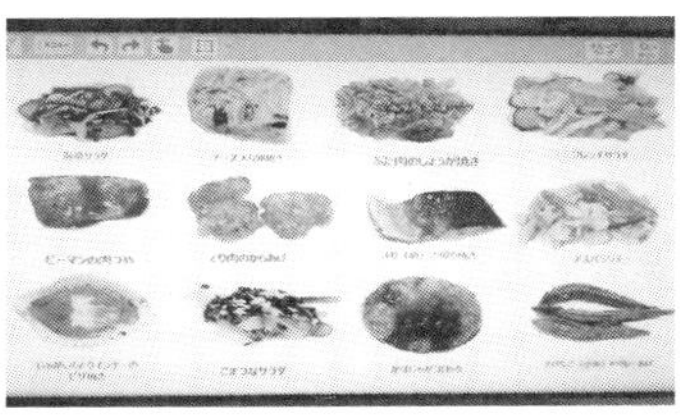

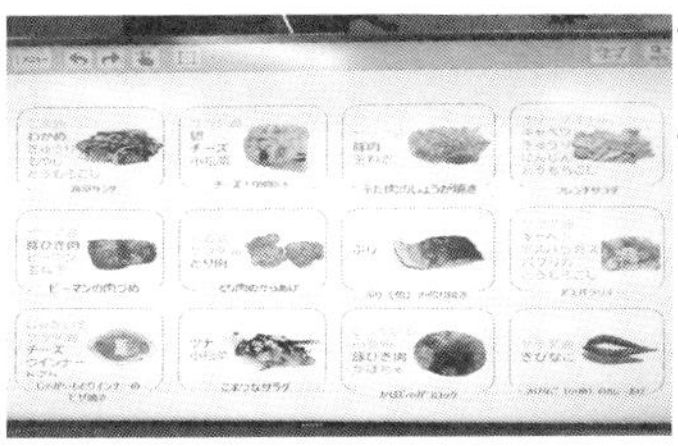
・ごはんとみそ汁に組み合わせる主菜と副菜の料理例
・学習活動ソフトウェア「発表ノート」機能を活用

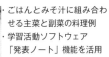

※〔2〕4 時間目で使用

〈出口 芳子〉

10 第6学年 B 衣食住の生活　C 消費生活・環境

# 工夫しよう<br>日常着の快適な手入れ

B (4)ア(イ)イ　C (2)アイ

## 1 題材について

本題材は,「B 衣食住の生活」の(4)「衣服の着用と手入れ」のアの(イ)「日常着の手入れ,ボタン付け及び洗濯の仕方」及びイと,「C 消費生活・環境」の(2)ア及びイとの関連を図っている。本題材では,「衣服を長持ちさせるために,衣服の手入れの仕方や汚れの程度に応じた洗濯の仕方を考えよう」という課題を設定し,その解決に向けて,「健康・快適」の視点から,日常着の手入れの必要性やボタンの付け方及び洗濯の仕方を理解し,できるようにするとともに,環境に配慮した無駄のない水や洗剤の使い方を考え,手洗いによる洗濯の計画を立てて実践し,評価・改善する構成となっている。

## 2 題材の目標

(1) 日常着の手入れが必要であることや,ボタンの付け方及び洗濯の仕方,環境に配慮した無駄のない水や洗剤の使い方について理解するとともに,ボタンの付け方及び洗濯の仕方に係る技能を身に付ける。

(2) 環境に配慮した日常着の手入れ(洗濯)の仕方について問題を見いだして課題を設定し,様々な解決方法を考え,実践を評価・改善し,考えたことを表現するなどして課題を解決する力を身に付ける。

(3) 家族の一員として,生活をよりよくしようと,ボタンの付け方や環境に配慮した日常着の手入れ(洗濯)の仕方について,課題の解決に主体的に取り組んだり,振り返って改善したりして,生活を工夫し,実践しようとする。

## 3 題材の評価規準

| 知識・技能 | 思考・判断・表現 | 主体的に学習に取り組む態度 |
|---|---|---|
| ・日常着の手入れが必要であることを理解している。<br>・ボタンの付け方及び洗濯の仕方を理解しているとともに,適切にできる。<br>・環境に配慮した無駄のない水や洗剤の使い方について理解している。 | 環境に配慮した日常着の手入れ(洗濯)の仕方について問題を見いだして課題を設定し,様々な解決方法を考え,実践を評価・改善し,考えたことを表現するなどして課題を解決する力を身に付けている。 | 家族の一員として,生活をよりよくしようと,ボタンの付け方や環境に配慮した日常着の手入れ(洗濯)の仕方について課題の解決に主体的に取り組んだり,振り返って改善したりして,生活を工夫し,実践しようとしている。 |

## 1 4 指導と評価の計画 8時間

〔1〕見つめよう　日常着の手入れの仕方……………………………1時間
〔2〕チャレンジしよう　ボタンつけと洗たく……………（本時 2，3/3）3時間
〔3〕工夫しよう　環境を考えた洗たくの仕方………………………4時間

| 次時 | ○ねらい・学習活動 | 評価規準・評価方法<br>知識・技能 | <br>思考・判断・表現 | <br>主体的に学習に取り組む態度 |
|---|---|---|---|---|
| 〔1〕<br>1 | ○衣服を大切に扱い，気持ちよく着るために，日常の手入れが必要であることを理解するとともに，日常着の手入れの仕方について課題を設定することができる。<br>・Tシャツの汚れを観察し，なぜ日常着の手入れが必要かを話し合う。<br>・家族や自分が日頃行っている衣服の洗濯の仕方について話し合う。<br>・生活排水に関するDVDやポスターをもとに，無駄のない水や洗剤の使い方について話し合う。<br>・環境に配慮した日常着の洗濯の仕方やボタンの付け方について問題を見いだし，課題を設定する。 | ①日常着の手入れが必要であることを理解している。<br>・ワークシート | ①環境に配慮した日常着の洗濯の仕方について問題を見いだして課題を設定している。<br>・計画・実習記録表 | |
| 〔2〕<br>1 | ○ボタンの付け方について理解し，適切に付けることができる。<br>・給食の白衣のボタンをとめたりはずしたりして，ボタンの役割や付け方について考え，発表する。<br>・ボタンの付け方の手順をDVDで確認する。<br>・白衣のボタンを付け，相互評価する。 | ②ボタンの付け方を理解しているとともに，適切にできる。<br>・行動観察<br>・ワークシート | | ①ボタンの付け方や環境に配慮した日常着の洗濯の仕方について，課題の解決に向けて主体的に取り組もうとしている。<br>・ポートフォリオ<br>・計画・実習記録表<br>・行動観察 |
| 2<br>3<br>本時 | ○手洗いによる洗濯の仕方を理解し，適切に洗濯することができる。<br>・靴下を観察し，汚れている部分や汚れ具合についてグループで話し合う。<br>・汚れた靴下をきれいにするために，「洗い方」「水温」「洗剤の量」などの課題別のグループで試し洗いを行う。<br>・試し洗いの結果から分かったことを言葉や図表にまとめる。<br>・元のグループに戻って発表し，洗濯の仕方についてまとめる。 | ③洗濯の仕方を理解しているとともに，適切にできる。<br>・ワークシート<br>・行動観察<br>**指導に生かす評価**<br>④環境に配慮した無駄のない水や洗剤の使い方について理解している。<br>・ワークシート<br>**指導に生かす評価** | | |

| | | | | |
|---|---|---|---|---|
| | ・洗剤の量と汚れの落ち方のグラフや，ためすすぎと流しすすぎの水の量を示した写真などをもとに，水や洗剤の無駄のない使い方について話し合う。 | | | |
| 〔3〕<br>1 | ○環境に配慮した日常着の洗濯の仕方について考え，工夫することができる。<br>・家庭でインタビューした無駄のない水や洗剤の使い方の工夫を発表する。<br>・自分が洗濯する衣服（体操服など）を観察し，環境に配慮した洗濯の計画を立てる。 | | ②環境に配慮した日常着の洗濯の仕方について実践に向けた計画を考え，工夫している。<br>・計画・実習記録表 | ②ボタンの付け方や環境に配慮した日常着の洗濯の仕方について，課題の解決に向けた一連の活動を振り返って改善しようとしている。<br>・ポートフォリオ<br>・行動観察 |
| 2<br>3 | ○環境に配慮した日常着の洗濯を実践し，評価したり，改善したりすることができる。<br>・計画に沿って自分の衣服を洗濯する。<br>・洗濯の様子をペアで観察し合い，洗濯の手順，環境に配慮した水や洗剤の使い方などについて相互評価を行う。<br>・洗濯の計画を見直し，改善点を発表する。 | ③洗濯の仕方を理解しているとともに適切にできる。<br>・行動観察<br>・ワークシート<br>**記録に残す評価**<br>④環境に配慮した無駄のない水や洗剤の使い方について理解している。<br>・ワークシート<br>**記録に残す評価** | ③環境に配慮した日常着の洗濯の仕方について実践を評価したり改善したりしている。<br>・行動観察<br>・計画・実習記録表 | |
| 4 | ○環境に配慮した日常着の洗濯の実践について発表することができる。<br>・環境に配慮した日常着の洗濯の仕方やボタンの付け方を振り返る。<br>・引き続き家庭で実践していきたいことを考え，発表する。 | | ④環境に配慮した日常着の洗濯の仕方についての課題解決に向けた一連の活動について，考えたことを分かりやすく表現している。<br>・行動観察<br>・計画・実習記録表 | ③ボタンの付け方や環境に配慮した日常着の洗濯の仕方について工夫し，実践しようとしている。<br>・ポートフォリオ<br>・計画・実習記録表 |

## 5　本時の展開〔2〕（2，3/3 時間）

(1) **小題材名**　チャレンジしよう　ボタンつけと洗たく

(2) **ねらい**　手洗いによる洗濯の仕方を理解し，適切に洗濯することができる。

(3) **展　開**

| 時（分） | 学習活動 | ・指導上の留意点<br>評価規準　（評価方法） |
|---|---|---|
| 5 | 1　本時のめあてを確認する。<br>くつ下のよごれを落とすためには，どのように手洗いしたらよいのだろう。 | ・手洗いの洗濯について，環境の視点にも触れるようにする。 |

| | | |
|---|---|---|
| 15 | 2 靴下を観察し，汚れている部分や汚れ具合についてグループで話し合う。<br>・外から付く汚れ（ほこり，砂など）<br>・体から付く汚れ（皮脂，汗など） | ・汚れの主な原因についてもまとめ，見た目だけではわからない汚れがあることを確認する。 |
| 25 | 3 汚れた靴下をきれいにするために，課題別のグループで試し洗いを行う。<br>・洗い方　・水温<br>・洗剤の量　・水の量　など | ・課題別のグループごとに試し洗いの仕方を確認し，分かったことをタブレットなどのICT機器を活用して報告できるようにする。 |
| 20 | 4 試し洗いの結果から分かったことや考えたことを言葉や図表にまとめる。 | 〔知識・技能〕<br>③洗濯の仕方を理解しているとともに，適切にできる。<br>（ワークシート）（行動観察）<br>**指導に生かす評価** |
| 10 | 5 元のグループに戻って発表し合い，洗濯の仕方についてまとめる。<br>・もみ洗いやつまみ洗いをする<br>・水をためてすすぐ<br>・必要な洗剤の量　など | |
| 10 | 6 洗剤の量と汚れの落ち方の関係を示したグラフや，ためすすぎと流しすすぎで使用する水の量を示した写真などをもとに，水や洗剤の無駄のない使い方について話し合う。 | 〔知識・技能〕<br>④環境に配慮した無駄のない水や洗剤の使い方について理解している。<br>（ワークシート）<br>**指導に生かす評価** |
| 5 | 7 本時の学習を振り返り，環境に配慮した日常着の洗濯について考える。 | ・家庭での環境に配慮した洗濯の仕方についインタビューすることを確認する。 |

### ⑷ 学習評価の工夫

本題材では，２回の洗濯実習を取り入れている。１回目（本時）の靴下の洗濯は，「指導に生かす評価」（「努力を要する」状況（C）と判断される児童への手立てを考えるための評価）とし，２回目の自分の衣服（体操服など）の洗濯（2，３時間目）は，「記録に残す評価」としている。

本時の「知識･技能」の評価規準③については，靴下の試し洗いを振り返る場面で，ワークシートの記述内容や行動観察から評価している。試し洗いで分かったことや考えたことを理由とともに記入している場合を「おおむね満足できる」状況（B）と判断した。その際，「努力を要する」状況（C）と判断される児童に対しては，洗い方や洗剤の量，手順などを再確認するなど，個に応じた指導を工夫する。

評価規準④については，水や洗剤の使い方について話し合う場面で，ワークシートの記述内容から評価している。洗剤の量やためすすぎについて理由とともに記述している場合を「おおむね満足できる」状況（B）と判断した。

**◆評価のための資料（ワークシートの一部）**

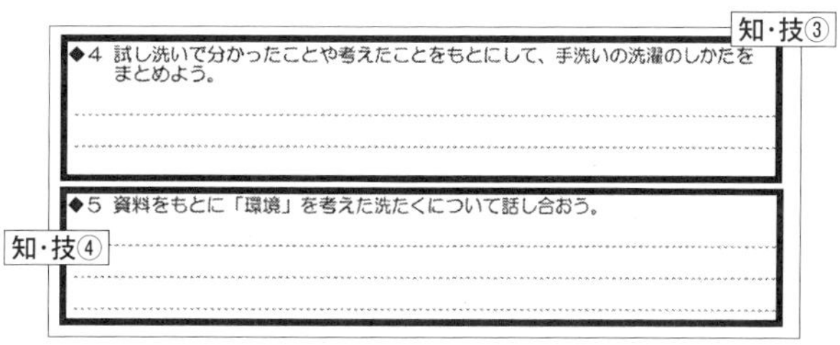
知･技③
◆4 試し洗いで分かったことや考えたことをもとにして、手洗いの洗濯のしかたをまとめよう。
◆5 資料をもとに「環境」を考えた洗たくについて話し合おう。
知･技④

## 6 主体的・対話的で深い学びの実現に向けた授業づくりのポイント

### (1) 各学習過程における学習指導の工夫

**生活の課題発見**

**〔1〕見つめよう 日常着の手入れの仕方　(1時間目)**　主体的な学びの視点

普段着ているTシャツや学校で使用している白衣，体育着などの実物を準備し，なぜ手入れが必要なのかを話し合う。また，生活排水に関するDVDや写真を用いて環境への視点にも目を向け，環境に配慮した洗濯の仕方について課題を設定し，学習全体の見通しをもたせるようにしている。さらに、家族にインタビューするなどして，家庭での洗濯の実践に結び付け，主体的に学習活動に取り組むことができるようにしている。

生活排水の写真

**解決方法の検討と計画**

**〔2〕チャレンジしよう ボタン付けと洗たく　(2，3時間目)**　対話的な学びの視点

汚れた靴下を手洗いで洗濯するために、課題別のグループで解決方法を考えてから試し洗いを行い，その結果を元のグループに戻って報告し合う。その際，比較実験した結果から分かったことや考えたことを図表やグラフ，言葉でまとめ，発表する。自分と異なる課題に取り組んだ友達と交流することで，手洗いの洗濯の仕方についての考えを広げたり，深めたりすることができるようにしている。

試し洗いの課題（水の量）

**課題解決に向けた実践活動**

日常着の洗濯実習の様子

ペアでの相互評価

**実践活動の評価・改善**

**〔3〕工夫しよう 環境に配慮した洗たくの仕方（3時間目）**　対話的な学びの視点　主体的な学びの視点

自分の衣服の洗濯を振り返り、ペアの評価を参考に洗濯の手順，環境に配慮した水や洗剤の使い方などについて自己評価を行う。自己評価・相互評価をもとに，洗濯の計画を見直し，改善する。

**深い学びの視点**　この題材では，生活の営みに係る見方・考え方のうち，「健康」「快適」「持続可能な社会の構築」「環境」の視点を意識できるようにしている。まず，日常着を快適に着るためには，洗濯などの手入れが必要であることに気付くようにする。次に，家族や自分が日頃行っている洗濯の仕方を振り返る。環境に配慮した洗濯について課題をもち，計画を立てて実践し，評価・改善する一連の学習活動を通して，実感を伴って「健康」「快適」「持続可能な社会の構築」「環境」という概念の形成を促すことがポイントとなる。

### ⑵ 言語活動の充実

靴下の試し洗いでは，児童が取り組む課題ごとにグループをつくり，友達と交流する場面を設定している。そして，元のグループに戻り，「実験の方法」「分かったこと」「考えたこと」「改善したいこと」などを言葉や図にまとめ，報告し合う。自分と異なる課題をもった友達の考えを聞くことは，２回目の実習や家庭実践の工夫及び環境への意識の向上につながり，効果的である。

### ⑶ ICT の活用

２回目の実習（日常着の洗濯）の様子は，タブレット端末を用いて撮影している。この活動記録は洗濯を振り返る場面で自己評価や相互評価を行う際に活用し，評価・改善に生かすようにしている。

## 本題材で使用したワークシートや資料

### ①手洗いの洗たく（くつ下）のワークシート

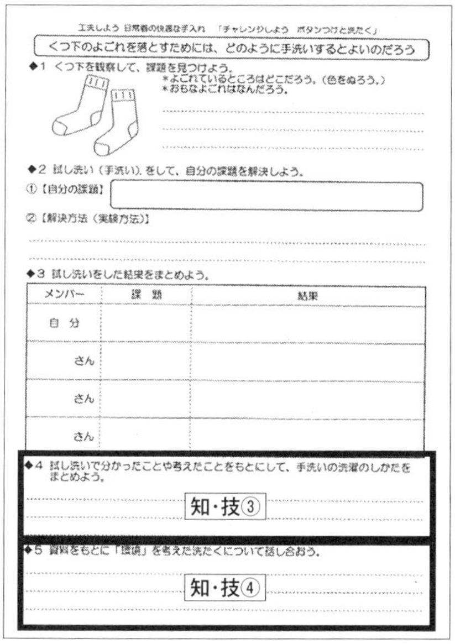
工夫しよう 日常着の快適な手入れ 「チャレンジしよう ボタンつけと洗たく」

くつ下のよごれを落とすためには、どのように手洗いするとよいのだろう

◆1 くつ下を観察して、課題を見つけよう。
＊よごれているところはどこだろう。（色をぬろう。）
＊おもなよごれはなんだろう。

◆2 試し洗い（手洗い）をして、自分の課題を解決しよう。
①【自分の課題】
②【解決方法（実験方法）】

◆3 試し洗いをした結果をまとめよう。

| メンバー | 課　題 | 結果 |
|---|---|---|
| 自　分 | | |
| さん | | |
| さん | | |
| さん | | |

◆4 試し洗いで分かったことや考えたことをもとにして、手洗いの洗濯のしかたをまとめよう。
知・技③

◆5 資料をもとに「環境」を考えた洗たくについて話し合おう。
知・技④

※〔2〕2～3時間目で使用

### ②日常着の洗たくの計画・実習記録表

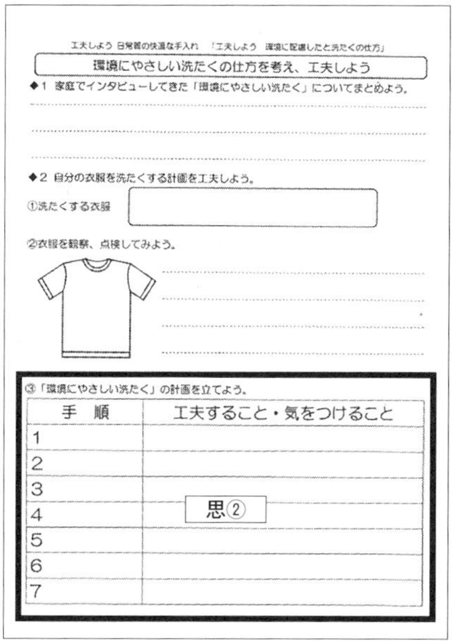
工夫しよう 日常着の快適な手入れ 「工夫しよう 環境に配慮した洗たくの仕方」

環境にやさしい洗たくの仕方を考え、工夫しよう

◆1 家庭でインタビューしてきた「環境にやさしい洗たく」についてまとめよう。

◆2 自分の衣服を洗たくする計画を工夫しよう。
①洗たくする衣服
②衣服を観察、点検してみよう。
③「環境にやさしい洗たく」の計画を立てよう。

| 手　順 | 工夫すること・気をつけること |
|---|---|
| 1 | |
| 2 | |
| 3 | |
| 4 | 思② |
| 5 | |
| 6 | |
| 7 | |

※〔3〕1時間目で使用

### ③試し洗いの課題（洗剤の量）

※〔2〕2～3時間目で使用

### ④資料：流しすすぎとためすすぎの水の量

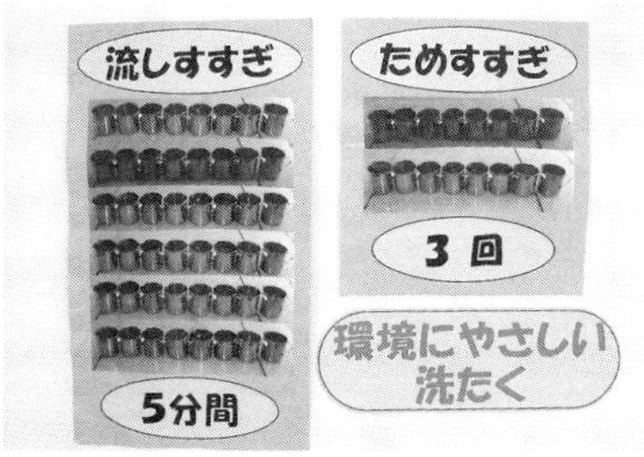


※〔2〕3時間目で使用

〈水沢 文芳子〉

# 11 第6学年 B 衣食住の生活 C 消費生活・環境

# ミシンで作ろう わたしの「ナイスバッグ」

B (5)ア(ア)(イ)イ　C (2)アイ

## 1 題材について

本題材は，「B 衣食住の生活」の(5)「生活を豊かにするための布を用いた製作」と「C 消費生活・環境」の(2)「環境に配慮した生活」との関連を図っている。製作については，２学年間で段階的に扱う。第５学年のミシン縫いを生かして，第６学年では，ミシンで作ろう　わたしの「ナイスバッグ」という課題を設定し，その解決に向けて，「快適」「持続可能な社会の構築」の視点から，生活を豊かにする物を考えたり，製作に使う材料を無駄なく使う工夫を考えたりして，計画を立てて製作し，学校や家庭で活用後，評価・改善する構成となっている。

## 2 題材の目標

(1) 製作に必要な材料や手順，製作計画，ミシン縫いによる目的に応じた縫い方及び用具の安全な取扱い，材料（布）の無駄のない使い方について理解するとともに，それらに係る技能を身に付ける。

(2) わたしの「ナイスバッグ」の製作計画及び製作，材料（布）の使い方について問題を見いだして課題を設定し，様々な解決方法を考え，実践を評価・改善し，考えたことを表現するなどして課題を解決する力を身に付ける。

(3) 生活をよりよくしようと，わたしの「ナイスバッグ」の製作計画及び製作，布の無駄のない使い方について，課題の解決に向けて主体的に取り組んだり，振り返って改善したりして，生活を工夫し，実践しようとする。

## 3 題材の評価規準

| 知識・技能 | 思考・判断・表現 | 主体的に学習に取り組む態度 |
|---|---|---|
| ・製作に必要な材料や手順が分かり，製作計画について理解している。<br>・ミシン縫いによる目的に応じた縫い方及び用具の安全な取扱いについて理解しているとともに，適切にできる。<br>・材料（布）の無駄のない使い方について理解している。<br>・裁断の仕方や印の付け方について理解しているとともに適切にできる。 | わたしの「ナイスバッグ」の製作計画及び製作，材料（布）の使い方について問題を見いだして課題を設定し，様々な解決方法を考え，実践を評価・改善し，考えたことを表現するなどして課題を解決する力を身に付けている。 | 生活をよりよくしようと，わたしの「ナイスバッグ」の製作計画及び製作，材料（布）の無駄のない使い方について，課題の解決に向けて主体的に取り組んだり，振り返って改善したりして，生活を工夫し，実践しようとしている。 |

## 4 指導と評価の計画 10時間

〔1〕「ナイスバッグ」でわたしの生活を豊かに……………………………………1時間
〔2〕工夫しよう 「ナイスバッグ」の製作計画…………………(展開例1 2, 3/3) 3時間
〔3〕作ろう わたしの「ナイスバッグ」……………………………………………4時間
〔4〕紹介しよう わたしの「ナイスバッグ」…………………………(展開例1/2) 2時間

| 次時 | ○ねらい・学習活動 | 評価規準・評価方法 | | |
|---|---|---|---|---|
| | | 知識・技能 | 思考・判断・表現 | 主体的に学習に取り組む態度 |
| 〔1〕<br>1 | ○生活を豊かにするわたしの「ナイスバッグ」について考え，課題を設定することができる。<br>・日常生活で使っている袋の機能や役割，生活場面での使い方について話し合う。<br>・「ナイスバッグ」（トートバッグまたはナップザック）を作る目的や使う場面を明確にし，課題を設定する。<br>（問題点と課題例）<br>・上履き袋が小さく，上履きが出し入れしにくい。<br>→どのくらいゆとりがあるとよいのだろう。 | | ①わたしの「ナイスバッグ」の製作計画及び製作，布の使い方について問題を見いだして課題を設定している。<br>・製作計画・実習記録表 | ①わたしの「ナイスバッグ」の製作計画及び製作，布の無駄のない使い方について，課題の解決に向けて主体的に取り組もうとしている。<br>・学習記録表<br>・行動観察 |
| 〔2〕<br>1 | ○わたしの「ナイスバッグ」に必要な材料や製作手順について理解することができる。<br>・二つのコース（トートバッグ，ナップザック）に分かれて，材料や製作手順を実物見本や段階見本等で調べる。 | ①製作に必要な材料や製作手順について理解している。<br>・製作計画・実習記録表 | | |
| 2<br>3<br>展開例1 | ○わたしの「ナイスバッグ」の製作計画を考え，工夫することができる。<br>・図書館の本を入れるトートバッグの試し作りを行い，必要な布の大きさを検討する。<br>・自分の入れたい物を用いて試し作りを行い，必要な布の大きさを検討する。<br>・わたしの「ナイスバッグ」の製作計画を立てる。<br>・同じコースのグループで製作計画を交流し，見直す。 | ②製作計画について理解している。<br>・製作計画・実習記録表 | ②わたしの「ナイスバッグ」の製作計画及び製作，布の無駄のない使い方について考え，工夫している。<br>・製作計画・実習記録表 | |
| 〔3〕<br>1 | ○布の無駄のない使い方について理解し，裁断やしるしを付けることができる。<br>・布を無駄ない使って裁断し，しるしを付ける。 | ③布の無駄のない使い方について理解している。<br>・学習記録表<br>④裁断の仕方やしるしの付け方に | | |

| | | | | |
|---|---|---|---|---|
| | | ついて理解しているとともに適切にできる。<br>・製作計画・実習記録表<br>・行動観察 | | |
| 2<br>3<br>4 | ○製作計画に沿って，ミシンを安全に扱い「ナイスバッグ」を製作することができる。<br>・ミシンの安全な使い方について確認する。<br>・縫い方見本を観察したり，試し縫いをしたりして，計画に沿って効率よく製作する。<br>・毎時間，製作を振り返り，学習記録表に記入する。 | ⑤ミシン縫いによる縫い方について理解しているとともに，適切にできる。<br>・行動観察<br>・製作品<br>⑥ミシンなどの用具の安全な取扱いについて理解しているとともに，適切にできる。<br>・行動観察<br>・製作品 | | ②わたしの「ナイスバッグ」の製作計画及び製作方法，布の無駄のない使い方について，課題解決に向けた一連の活動を振り返って改善しようとしている。<br>・学習記録表<br>・行動観察 |
| 〔4〕<br>1<br>展開例2 | ○わたしの「ナイスバッグ」について，実践を振り返り，評価・改善することができる。<br>・製作計画及び製作，布の無駄のない使い方について振り返り，自己評価を行う。<br>・同じコースの友達と相互評価を行う。<br>・改善点を記入し，次の作品に生かしたいことをまとめる。 | | ③わたしの「ナイスバッグ」の製作計画及び製作，布の無駄のない使い方について，実践を評価したり，改善したりしている。<br>・製作計画・実習記録表 | ③わたしの「ナイスバッグ」の製作計画及び製作，布の無駄のない使い方について工夫し，実践しようとする。<br>・製作計画・実習記録表 |
| 2 | ○わたしの「ナイスバッグ」について発表することができる。<br>・わたしの「ナイスバッグ」発表会で，製作計画や製作について発表する。<br>・題材を振り返って学習をまとめる。 | | ④わたしの「ナイスバッグ」の製作計画及び製作，布の無駄のない使い方についての課題解決に向けた一連の活動について，考えたことを分かりやすく表現している。<br>・行動観察 | |

## 5 本時の展開

**【展開例 1】〔2〕（2・3/3 時間）**

(1) **小題材名**　工夫しよう 「ナイスバッグ」の製作計画

(2) **ねらい**　わたしの「ナイスバッグ」の製作計画を考え，工夫することができる。

### (3) 展 開

| 時（分） | 学習活動 | ・指導上の留意点<br>評価規準 （評価方法） |
|---|---|---|
| 5 | 1 本時のめあてを確認する。<br>わたしの「ナイスバッグ」の製作計画を立てよう。 | |
| 5 | 2 図書館の本を入れる三つのトートバッグについての問題点を考える。<br>〈問題点〉<br>A 本が入らない。<br>B 本は入るが，出し入れしにくい。<br>C スムーズに本を出し入れできる。 | ・ＡＢＣの布で製作したトートバッグに本を出し入れする様子を提示する。<br>〈ＡＢＣの布の大きさ〉<br>A 縫いしろなし，ゆとりなし<br>B 縫いしろあり，ゆとりなし<br>C 縫いしろあり，ゆとりあり |
| 15 | 3 ペアでトートバッグの試し作り（クリップでとめる）を行い，製作に必要な布の大きさの決め方についてまとめる。 | ・タブレット端末で，試し作りの手順を繰り返し確認できるようにする。 |
| 20 | 4 自分の入れたい物を用いてわたしの「ナイスバッグ」の試し作りを行い，必要な布の大きさを決定する。<br>〈入れたい物の例〉<br>・サッカーシューズ ・水筒と弁当 | ・試し作りで，どのくらいのゆとりが必要かを実感できるようにする。<br>〔知識・技能〕<br>②製作計画について理解している。<br>（製作計画・実習記録表） |
| 20 | 5 自分の入れたい物に合わせたわたしの「ナイスバッグ」の製作計画を立てる。<br>〈製作計画の工夫例〉<br>・ポケットの大きさや付ける位置<br>・持ち手やひもの長さ | ・実物見本や段階見本等を用意し，いつでも確認できるようにする。 |
| 15 | 6 同じコース（トートバッグ・ナップザック）の友達と製作計画を交流する。<br>〈計画を確認するポイント〉<br>・材料や製作手順，縫い方などが適切であるか。 | ・交流の際には，根拠を明確にして発表するよう助言する。<br>〔思考・判断・表現〕<br>②わたしの「ナイスバッグ」の製作計画及び製作，布の無駄のない使い方について考え，工夫している。<br>（製作計画・実習記録表） |
| 5 | 7 友達からのアドバイスを生かして製作計画を見直す。 | |
| 5 | 8 本時の学習を振り返り，次時の活動を確認する。 | |

### (4) 学習評価の工夫

本題材では，一連の学習活動（わたしの「ナイスバック」の課題設定･解決方法の検討･計画・実践・実践報告会）について記録できる製作計画・実習記録表や学習記録表を作成している。

本時の「知識・技能」の評価規準②については，製作計画において袋の形や大きさを検討する場面で，製作計画・実習記録表の記述内容から評価している。入れたい物の寸法に縫いしろやゆとりの分量を考え，その見積もり方について記述している場合を「おおむね満足できる」状況（B）と判断した。その際，「努力を要する」状況（C）と判断される児童に対しては，既にある袋を観察したり，児童の入れたい物を用いて一緒に試し作りを行い，必要な寸法を測ったりするなど，個に応じた指導を工夫する。

「思考・判断・表現」の評価規準②については，わたしの「ナイスバッグ」の製作計画を考える場面で，製作計画・実習記録表の記述内容から評価している。必要な材料の分量や製作手順（準備，製作，仕上げ，片付け）について，その根拠を考え，記述している場合を「おおむね満足できる」状況（B）と判断した。また，縫う部分や目的に応じて，丈夫に縫ったり，針目の大きさを変えて縫ったりするなど，具体的な縫い方の工夫について記述している場合を「十分満足できる」状況（A）と判断することが考えられる。

**◆評価に関する資料**

**製作計画・実習記録表の一部**

**「知識・技能」②及び「思考・判断・表現」②の「おおむね満足できる」状況（B）の記述例**

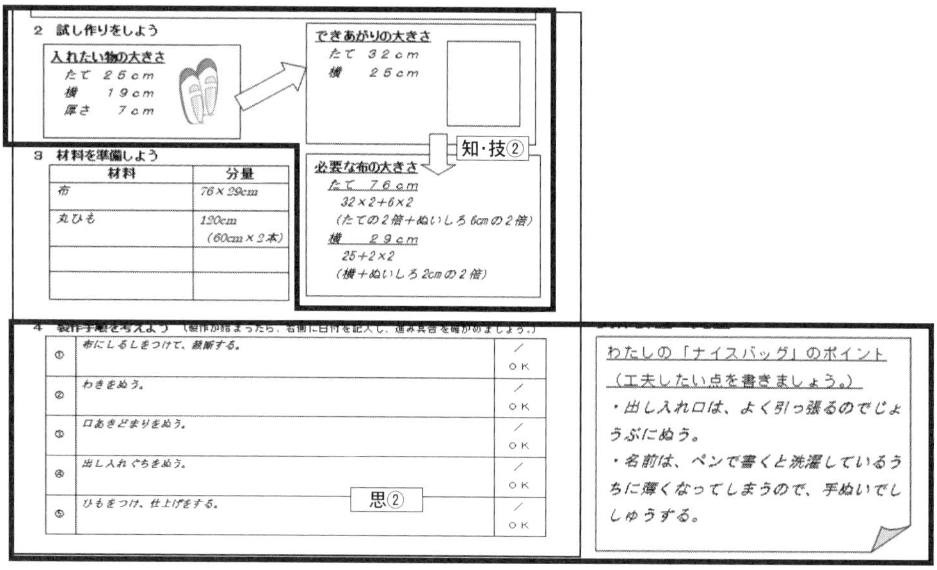

2　試し作りをしよう

入れたい物の大きさ
たて　25cm
横　19cm
厚さ　7cm

できあがりの大きさ
たて　32cm
横　25cm

知・技②

必要な布の大きさ
たて　76cm
32×2+6×2
（たての2倍+ぬいしろ6cmの2倍）
横　29cm
25+2×2
（横+ぬいしろ2cmの2倍）

3　材料を準備しよう

| 材料 | 分量 |
|---|---|
| 布 | 76×29cm |
| 丸ひも | 120cm（60cm×2本） |
| | |
| | |

4　製作手順を考えよう（製作が始まったら，右側に日付を記入し，進み具合を確かめましょう。）

| | | |
|---|---|---|
| ① | 布にしるしをつけて，裁断する。 | ／ OK |
| ② | わきをぬう。 | ／ OK |
| ③ | 口あきどまりをぬう。 | ／ OK |
| ④ | 出し入れぐちをぬう。 | ／ OK |
| ⑤ | ひもをつけ，仕上げをする。 | ／ OK |

思②

わたしの「ナイスバッグ」のポイント
（工夫したい点を書きましょう。）
・出し入れ口は，よく引っ張るのでじょうぶにぬう。
・名前は，ペンで書くと洗濯しているうちに薄くなってしまうので，手ぬいでししゅうする。

## 【展開例2】〔4〕（1/2時間）

⑴　**小題材名**　紹介しよう　わたしの「ナイスバッグ」

⑵　**ねらい**　わたしの「ナイスバッグ」について，実践を振り返り，評価・改善することができる。

⑶　**展　開**

| 時（分） | 学習活動 | ・指導上の留意点<br>評価規準　（評価方法） |
|---|---|---|
| 5 | 1　本時のめあてを確認する。<br>わたしの「ナイスバッグ」を紹介しよう。 | |
| 10 | 2　製作計画や製作，布の無駄のない使い方を振り返り，自己評価する。<br>〈振り返りの視点〉<br>・計画通りにできたこと，できなかったこと，製作の中で工夫した点等 | ・製作計画については，形や大きさは適切であったか，製作手順や縫い方，材料などが適切であったかどうかについて振り返るよう助言する。 |
| 10 | 3　同じコースの友達と相互評価を行う。 | ・相互評価を通して，課題を解決できた達成感を味わわせ，次の製作への意欲を高 |
| 10 | 4　製作計画や製作，布の無駄のない使い | |

| | | |
|---|---|---|
| | 方について改善点を記入する。 | めるようにする。 |
| 5 | 5　次の作品作りに生かしたいことを発表する。 | 〔思考・判断・表現〕<br>③わたしの「ナイスバッグ」の製作計画及び製作，布の無駄のない使い方について，実践を評価したり，改善したりしている。<br>（製作計画・実習記録表）<br><br>〔主体的に学習に取り組む態度〕<br>③わたしの「ナイスバッグ」の製作計画及び製作，布の無駄のない使い方について工夫し，実践しようとする。<br>（製作計画・実習記録表） |
| 5 | 6　本時の学習を振り返り，次時の活動を確認する。 | |

### ⑷　学習評価の工夫

本時の「思考・判断・表現」の評価規準③については，わたしの「ナイスバック」の製作を振り返って評価したり，改善したりする場面で，製作計画・実習記録表の記述内容から評価している。形・大きさ，材料，製作手順，縫い方について，その理由を明確にして適切に評価し，改善点を記述している場合を「おおむね満足できる」状況（B）と判断した。

その際，「努力を要する」状況（C）と判断される児童に対しては，友達からのアドバイスを参考に一緒に製作品を観察したり，児童の入れたい物を出し入れして大きさを確かめたりするなど，個に応じた指導を工夫する。

「主体的に学習に取り組む態度」の評価規準③については，製作を振り返ってまとめる場面で，製作計画・実習記録表の記述内容から評価している。製作計画及び製作，布の無駄のない使い方について，新たな課題を見付け，次の作品作りに取り組もうとしている場合を「おおむね満足できる」状況（B）と判断した。

**◆評価に関する資料**

製作計画・実習記録表の一部

「思考・判断・表現」③及び「主体的に学習に取り組む態度」③の「おおむね満足できる状況」（B）の記述例

| 友達から（◎・○・△） | | | | 自己評価（◎・○・△） | | | |
|---|---|---|---|---|---|---|---|
| 形・大きさ | 材料 | 製作手順 | ぬい方 | 形・大きさ | 材料 | 製作手順 | ぬい方 |
| ○ | ◎ | ◎ | ○ | △ | ◎ | ◎ | ○ |
| 評価の理由<br>ぬい目が少し曲がってしまったところがあった。口あきどまりは、丈夫にぬってあった。 | | | | 評価の理由<br>自分の作りたい大きさより少し小さくなってしまった。　思③ | | | |

よりよい作品にするために改善したいことを書きましょう。
・もう少しゆとりを多くとって、大きく作るとよい。
・しるし通りにまっすぐぬうようにする。

製作を振り返って、次の作品づくりに生かしたいことを書きましょう。
自分の思い通りの袋ができるか心配だったけど、一つ一つ手順やぬい方を確認しながら、作ることができました。同じ布で、今度はコップ袋も作ってみたいです。次は、もう少しゆとりをとることと、ぬい目が曲がらないようにすることに気を付けたいと思います。
態③

## 6 主体的・対話的で深い学びの実現に向けた授業づくりのポイント

### (1) 各学習過程における学習指導の工夫

**生活の課題発見**

**〔1〕「ナイスバッグ」でわたしの生活を豊かに（1時間目）**

主体的な学びの視点

本題材では，児童が主体的に学習に取り組むことができるよう，コース別（トートバッグ，ナップザック）学習を取り入れ，自分の作りたい物について，課題の設定ができるようにしている。

コース別学習

**解決方法の検討と計画**

**〔2〕工夫しよう　「ナイスバッグ」の製作計画（1時間目）**

主体的な学びの視点

「ナイスバッグ」の製作計画を立てる際，実物見本や段階見本を準備し，材料や製作手順を調べたり，試し作りでゆとりの分量を検討したりして，製作の見通しがもてるようにしている。

ペアでの試し作り

**（2時間目）**

対話的な学びの視点

ペアやグループで製作計画を交流する際，製作手順の根拠を明確にして発表することにより，互いの考えを共有したり，自分の考えを深めたりできるようにしている。

**課題解決に向けた実践活動**

**〔3〕作ろう　わたしの「ナイスバッグ」（2～4時間目）**

主体的な学びの視点

製作では，縫い方見本や段階見本を準備するとともに，ミシンの操作や縫い方のポイントなどの動画をタブレット端末で視聴できるようにし，製作中に生まれた新たな課題を主体的に解決できるようにしている。

**実践活動の評価・改善**

**〔4〕紹介しよう　わたしの「ナイスバッグ」（1時間目）**

対話的な学びの視点

自己評価及び相互評価によってわたしの「ナイスバッグ」の製作について評価し，友達の意見を踏まえて改善点や次の作品に生かしたいことを考えられるようにしている。

**（2時間目）**

主体的な学びの視点

発表会を行い，課題解決に向けた一連の活動について紹介し合うことで，二つのコースの製作について，新たな課題を見付けたり，学んだことを共有したりできるようにしている。この新たな疑問や課題が，生活を豊かにしようと工夫する実践的な態度につながっていく。

**深い学びの視点**　本題材では，生活の営みに係る見方・考え方のうち，「快適」「持続可能な社会の構築」の視点を意識できるようにしている。「ナイスバッグ」の製作では，計画を立て始める時には，大きさや形のみで「快適」について考えていた児童も，試し作りを行ったり，友達と対話しながら検討したりすることで，持ち手やポケットを付ける位置，丈夫な縫い方など，様々な角度から「快適」について考える。このように，「快適」という視点を質的に高めて概念の形成につなぐことで「ナイス」のイメージが広がるようにしている。また，「持続可能な社会の構築」の視点については，布の無駄のない使い方を取り上げ，考えることができるようにしている。

### (2) 実践的・体験的な活動の充実

本題材では，わたしの「ナイスバッグ」に必要な布の大きさを決定する際，実感を伴って理解できるように試し作りを取り入れている。縫いしろ部分をクリップで留めて，表に返すと縫いしろの分だけ出来上がりの寸法が小さくなることや，ゆとりがないと物を出し入れしにくいことなどに気付かせ，何度も試し作りを行いながら製作に必要な布の分量を見積もることができるようにしている。

### (3) ICT の活用

グループで活動する際や，トートバッグとナップザックのコースに分かれて製作する際にタブレット端末を活用している。児童が自分たちで操作して手順を確認しながら試し作りを行ったり，ミシンの操作を拡大して確認したりして主体的に活動できるようにしている。

## 本題材で使用したワークシートや資料

### ①製作計画・実習記録表

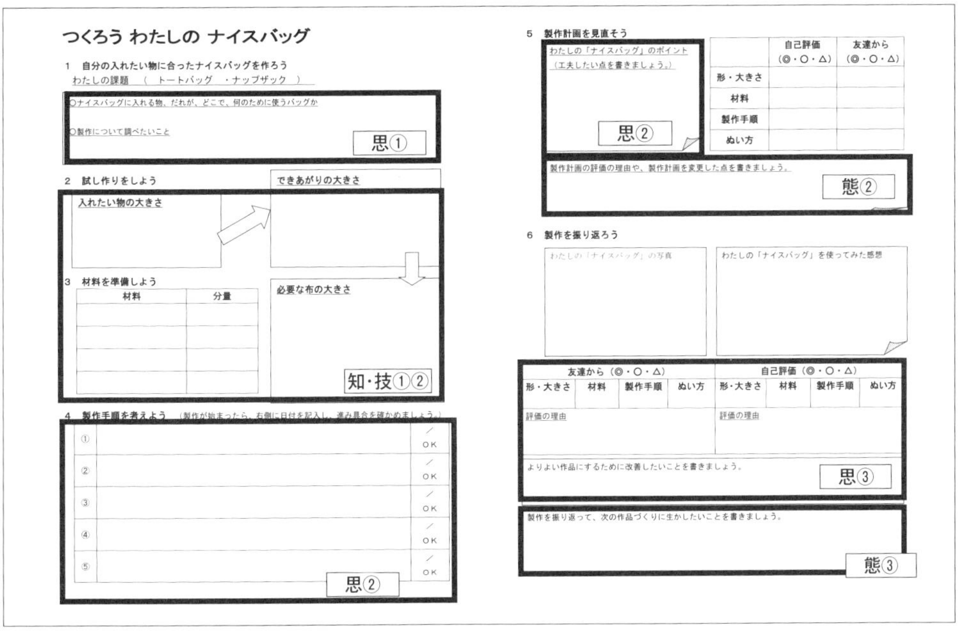


※〔1〕1 時間目,〔2〕1 ～ 3 時間目,〔4〕1 時間目で使用

### ②学習記録表

☆学習記録表

| 学習日 | ○うまくできたこと<br>△うまくできなかったこと | できるようになるまで<br>がんばったこと | よりよい生活をめざして<br>学習を生かしてがんばること |
|---|---|---|---|
| | 態①・② | | |

※〔1〕～〔3〕で使用

〈髙橋 容史子〉

12

第6学年 B 衣食住の生活

# 夏をすずしく快適に過ごそう

B (4)ア(ア)イ　(6)ア(ア)イ

## 1 題材について

本題材は,「B 衣食住の生活」の(4)「衣服の着用と手入れ」のアの(ア)「日常着の快適な着方」及びイと（6）「快適な住まい方」のアの(ア)「季節の変化に合わせた住まい方」及びイとの関連を図っている。第５学年の冬を暖かく快適に過ごすための着方や住まい方の学習を生かし，第６学年では,「夏をすずしく快適に過ごそう」という課題を設定し，その解決に向けて,「健康・快適」の視点から，夏を涼しく快適に過ごすための着方や住まい方，冷房機器などの効果的な利用の仕方について考え，計画を立てて学校や家庭で実践し，評価・改善する構成となっている。

## 2 題材の目標

(1) 衣服の主な働きが分かり，夏における状況に応じた日常着の快適な着方，季節の変化に合わせた生活の大切さや夏の住まい方について理解する。
(2) 夏における日常着の快適な着方や住まい方について問題を見いだして課題を設定し，様々な解決方法を考え，実践を評価・改善し，考えたことを表現するなどして課題を解決する力を身に付ける。
(3) 家族の一員として，生活をよりよくしようと，夏における日常着の快適な着方や住まい方について，課題の解決に向けて主体的に取り組んだり，振り返って改善したりして，生活を工夫し，実践しようとする。

## 3 題材の評価規準

| 知識・技能 | 思考・判断・表現 | 主体的に学習に取り組む態度 |
|---|---|---|
| ・衣服の主な働きが分かり，夏における状況に応じた日常着の快適な着方について理解している。<br>・季節の変化に合わせた生活の大切さや夏の住まい方について理解している。 | 夏における日常着の快適な着方や住まい方について問題を見いだして課題を設定し，様々な解決方法を考え，実践を評価・改善し，考えたことを表現するなどして課題を解決する力を身に付けている。 | 家族の一員として，生活をよりよくしようと，夏における日常着の快適な着方や住まい方について，課題の解決に向けて主体的に取り組んだり，振り返って改善したりして，生活を工夫し，実践しようとしている。 |

## 4 指導と評価の計画 7時間

〔1〕夏の生活を見直そう ……………………………………………………………………… 1時間

〔2〕夏をすずしく快適に過ごすための着方や住まい方を調べよう

……………………………………………………………………………（展開例1 1，2/4）4時間

〔3〕わが家の「夏のさわやか快適生活」を工夫しよう …………………（展開例2 1/2）2時間

| 次時 | ○ねらい・学習活動 | 評価規準・評価方法 | | |
|---|---|---|---|---|
| | | 知識・技能 | 思考・判断・表現 | 主体的に学習に取り組む態度 |
| 〔1〕<br>1 | ○夏における日常着の着方や住まい方の中から問題を見いだし，夏を涼しく快適に過ごすための課題を設定することができる。<br>・事例の部屋で，夏を涼しく快適に過ごすための着方や住まい方の問題点について話し合う。<br>・事例を参考に，夏の着方や住まい方について，「健康・快適」の視点から課題を設定する。 | | ①夏における日常着の快適な着方や住まい方について問題を見いだして課題を設定している。<br>・計画・実践記録表 | |
| 〔2〕<br>1<br>2<br>展開例1 | ○衣服の主な働きが分かり，夏における日常着の快適な着方について理解することができる。<br>・夏におすすめの着方を紹介し合い，衣服の働きについて話し合う。<br>・本当におすすめの着方なのかを実験で確かめる。<br>（通気性・吸水性など）<br>・結果を発表し合い，快適な着方についてまとめる。 | ①衣服の主な働きが分かり，夏における状況に応じた日常着の快適な着方について理解している。<br>・ワークシート<br>・確認テスト | | ①夏における日常着の快適な着方や住まい方について，課題の解決に向けて主体的に取り組もうとしている。<br>・ポートフォリオ<br>・行動観察 |
| 3<br>4 | ○季節の変化に合わせた生活の大切さや夏の住まい方について理解することができる。<br>・グループで温度や通風に関する比較実験を行い，分かったことをまとめ，発表し合う。<br>・暑さへの対処の仕方<br>・効果的な通風の仕方<br>・効果的な冷房機器の使い方 | ②季節の変化に合わせた生活の大切さや夏の住まい方について理解している。<br>・ワークシート<br>・確認テスト | | |
| 〔3〕<br>1<br>展開例2 | ○夏における日常着の快適な着方や住まい方について考え，わが家の「夏のさわやか快適生活」の実践計画を工夫することができる。<br>・わが家の「夏のさわやか快適生活」の実践計画を立てる。<br>・友達や先生からのアドバイスをもとに実践計画を見直す。 | | ②夏における日常着の快適な着方や住まい方について実践に向けた計画を考え，工夫している。<br>・計画・実践計画表 | ②夏における日常着の快適な着方や住まい方について，課題解決に向けた一連の活動を振り返って改善しようとしている。<br>・ポートフォリオ<br>・行動観察 |

| 家庭実践 | | | | |
|---|---|---|---|---|
| 2 | ○家庭での実践を報告し合い,「夏のさわやか快適生活」の実践計画を見直し,改善することができる。<br>・各自の実践をグループで発表し合う。<br>・「夏のさわやか快適生活」の実践計画を改善する。 | | ③夏における日常着の快適な着方や住まい方について,実践を評価したり,改善したりしている。<br>・行動観察<br>・計画・実践記録表<br>④夏における日常着の快適な着方や住まい方についての課題解決に向けた一連の活動について,考えたことを分かりやすく表現している。<br>・行動観察<br>・計画・実践記録表 | ③夏における日常着の快適な着方や住まい方について工夫し,実践しようとする。<br>・ポートフォリオ<br>・計画・実践記録表<br>・行動観察 |

## 5 本時の展開

**【展開例 1】〔2〕(1・2/4 時間)**

⑴ **小題材名** 夏をすずしく快適に過ごすための着方や住まい方を調べよう

⑵ **ねらい** 衣服の主な働きが分かり,夏における日常着の快適な着方について理解することができる。

⑶ **展 開**

| 時(分) | 学習活動 | ・指導上の留意点<br>評価規準 (評価方法) |
|---|---|---|
| 5 | 1 本時のめあてを確認する。<br>夏をすずしく快適に過ごすための着方をさぐろう。 | ・第5学年最初のガイダンスで触れた健康・快適・安全などの視点と関連させて,衣服の働きに気付くようにする。 |
| 15 | 2 夏におすすめの日常着の着方を紹介し合う。<br>○外で遊ぶとき<br>(例) 帽子をかぶって日差しをさえぎる。<br>涼しくて動きやすい素材<br>○夜ねるとき<br>(例) 汗を吸い取りやすい素材 | ・場面に応じたおすすめの着方を衣服の実物や写真,絵などで具体的に示し,理由とともに紹介できるようにする。 |
| 10 | 3 衣服の働きについて話し合い,発表する。 | ・友達と考えを交流し,衣服の保健衛生上や生活活動上の働きに,児童自らが気付 |

| | | |
|---|---|---|
| | | くようにする。 |
| 30 | 4 本当におすすめの着方なのか，通気性，吸水性，動きやすさなどを実験で確かめる。 | ・通気性，吸水性，伸縮性などの実験コーナーを設けて，児童が日常身につけている衣服に使用されている布で実験できるようにする。 |
| | 〈衣服の種類〉<br>A下着　Bポロシャツ　Cブラウス<br>D上着　E体操服<br>Fレインコート | **〔主体的に学習に取り組む態度〕**<br>①夏における日常着の快適な着方について，課題の解決に向けて主体的に取り組もうとしている。<br>（ポートフォリオ）（行動観察） |
| 15 | 5 実験結果から分かったことをワークシートにまとめ，グループで発表し合う。 | |
| 10 | 6 衣服の働きと関連付けて，涼しく快適な着方について考え，「夏におすすめ！着方ナビ」（確認テスト）にまとめる。 | ・実験結果をもとに，理由を明確にして説明するよう助言する。<br>**〔知識・技能〕**<br>①衣服の主な働きが分かり，夏における状況に応じた日常着の快適な着方について理解している。<br>（ワークシート）（確認テスト） |
| 5 | 7 本時の学習を振り返り，次時の活動を確認する。 | ・わが家の実践計画に「夏におすすめ！着方ナビ」を生かすことを助言する。 |

### ⑷ 学習評価の工夫

本題材では，一連の学習活動（わが家の「夏のさわやか快適生活」の課題設定・解決方法の検討・計画・実践・実践報告会）について記録できるワークシートや計画・実践記録表を作成している。

本時の「知識・技能」の評価規準①については，衣服の主な働きや夏における快適な着方についてまとめる場面で，ワークシートの記述内容や確認テストから評価している。季節（夏）や状況に応じた日常着の快適な着方を保健衛生上及び生活活動上の働きと結び付けて記述している場合を「おおむね満足できる」状況（B）と判断した。その際，「努力を要する」状況（C）と判断される児童に対しては，衣服の主な働きを再確認したり，実験結果をもとに下着や体操服を着用する理由を考えたりするなど，夏における快適な着方についてまとめることができるよう，個に応じた指導を工夫する。

**◆評価に関する資料**

「主体的に学習に取り組む態度」の評価規準①については，衣服の種類による通気性，吸水性，動きやすさの違いを調べる実験の場面で，ポートフォリオの記述内容及び行動観察から評価している。より涼しく快適に過ごすための衣服を自分なりに選ぼうと，実験コーナーで複数の布地について実験し，粘り強く性質を調べたり，実験結果を見直したりしている場合を「おおむね満足できる」状況（B）と判断した。なお，「主体的に学習に取り組む態度」の評価規準①②の学びの姿は，相互に関わり合いながら立ち現れることに留意する。

「知識・技能」①の「おおむね満足できる」状況（B）の記述例

ワークシートの一部

☆調べた衣服の実験結果と分かったことをまとめましょう。
〈調べた衣服の種類〉
A 下着
〈実験結果〉
吸水性◎　通気性◎　伸縮性○
〈分かったこと〉
下着は汗や汚れを吸い取り，身体を清潔に保つ働きがあることが分かった。これからは，Tシャツの下に，下着を着るようにしたい。

※〔2〕1・2時間目で使用

確認テストの一部

〈夏におすすめ！着方ナビ〉
・暑さから身を守るためには，
帽子をかぶったり，通気性がよく，あきが大きい服を選んだりするとよい。
・身体を衛生的に保つためには，
Tシャツの下に，汗や汚れを吸い取る下着を着るとよい。
・運動や作業をしやすくするためには，
運動するときには体操服を，給食の配ぜんをするときには白衣を着るなど，活動に合った服を着るとよい。
（略）

ポートフォリオの一部

「主体的に学習に取り組む態度」①の「おおむね満足できる」状況（B）の記述例

| | 月日 | 学習内容 | ねばり強くがんばったこと | 自己評価・理由 | 次に生かしたいこと |
|---|---|---|---|---|---|
| 1 | | | | | |
| 2・3 | ／（ ） | ○夏をすずしく快適に過ごすための着方を調べる。 | 友達と一緒に，全部の種類の布の性質を調べることができた。 態① | ◎ なぜ下着を着るのか衛生上のはたらきがよく分かった。体操服は動きやすくできていることも分かった。 態② | 実験結果から分かったことを自分の計画の中に生かしたい。 態③ |

## 【展開例 2】〔3〕（1/2 時間）

(1) **小題材名**　わが家の「夏のさわやか快適生活」を工夫しよう

(2) **ねらい**　夏における日常着の快適な着方や住まい方について考え，「夏のさわやか快適生活」の実践計画を工夫することができる。

(3) **展　開**

| 時（分） | 学習活動 | ・指導上の留意点<br>評価規準（評価方法） |
|---|---|---|
| 5 | 1　本時のめあてを確認する。<br>わが家における「夏のさわやか快適生活」の実践計画を工夫しよう。 | ・第5学年「冬の快適エコ生活」の学習を想起し，適切な解決方法を工夫できるよう助言する。 |
| 20 | 2　わが家の課題の解決方法について着方や住まい方から考え，計画・実践記録表に記入する。<br>○快適な着方（例）<br>・風通しのよい服を着る。<br>・Tシャツの下に，下着を着る。<br>○快適な住まい方（例）<br>・エアコンを28度に設定する。<br>・カーテンで日差しをさえぎる。 | ・「快適」や「健康」の視点から，自分の課題に合った解決方法を考えるよう助言する。<br>・前時に確認テストとして記入した「夏におすすめ！着方ナビ」や「夏におすすめ！住まい方ナビ」を参考にしながら考えるよう助言する。 |

| | | |
|---|---|---|
| 10 | 3 3～4人の小グループで意見を交流し，アドバイスし合う。 | 〔思考・判断・表現〕<br>②夏における日常着の快適な着方や住まい方について実践に向けた計画を考え，工夫している。<br>（計画・実践記録表） |
| 5 | 4 アドバイスをもとに，自分の実践計画を見直す。 | |
| 5 | 5 本時の学習を振り返り，次時の活動を確認する。 | ・家庭で工夫できるよう励まし，実践への意欲を高める。<br>〔主体的に学習に取り組む態度〕<br>②夏における日常着の快適な着方や住まい方について，課題の解決に向けた一連の活動を振り返って改善しようとしている。<br>（ポートフォリオ）（行動観察） |

### (4) 学習評価の工夫

本時の「思考・判断・表現」の評価規準②については，わが家の「夏のさわやか快適生活」の実践計画を立てる場面で，計画・実践記録表の記述内容から評価している。「健康・快適」の視点から，わが家の夏の着方・住まい方の課題に対して，より快適な着方や日差しをさえぎる方法,効率的な通風の仕方について示している場合を「おおむね満足できる」状況（B）と判断した。さらに,「持続可能な社会の構築」や「生活文化」の視点から,冷房機器の利用を省エネルギーにつなげて考えたり，ひさし，よしず，すだれ，打ち水，風鈴などを取り上げ，日本の生活文化の大切さや昔からの生活の知恵に気付き，計画に取り入れたりしている場合を「十分満足できる」状況（A）と判断することが考えられる。

「主体的に学習に取り組む態度」の評価規準②については,実践計画を立てる場面で,ポートフォリオの記述内容や行動観察から評価している。自分が立てた計画を見直し，友達のアドバイスを参考にしながらよりよいものに改善しようとする態度が見られる場合を「おおむね満足できる」状況（B）と判断した。

### ◆評価に関する資料

計画・実践記録表

「思考・判断・表現」②の「おおむね満足できる」状況（B）の記述例

夏のさわやか快適生活実践カード

（自己評価： 進んで実践◎ 言われて実践○ あまり実践できなかった△）

| | 日にち／工夫点 | 友達のアドバイスで変更したこと | 自己評価 | 実践後の感想 | 友達からの感想やアドバイス（ふせんをはろう。） | 改善したいこと |
|---|---|---|---|---|---|---|
| 快適な着方 | 屋内 | | | | | |
| | 屋外 | | | | | |
| | ねる時 | 思② | | | 思③ | |

＜家族からのコメント＞

＜先生からのコメント＞

## 6 主体的・対話的で深い学びの実現に向けた授業づくりのポイント

### (1) 各学習過程における学習指導の工夫

**生活の課題発見**

**〔1〕夏の生活を見直そう**　（1時間目）　**主体的な学びの視点**

夏における日常着の快適な着方や住まい方について，事例の部屋の問題点を「健康・快適」の視点から話し合うことで，題材における学習の見通しをもてるようにしている。さらに，学習した内容を実際の生活で生かすため，自分の家庭における夏の生活を見直す場面を設定し，課題意識をもち，主体的に学習活動に取り組むことができるようにしている。

**解決方法の検討と計画**

**〔2〕夏をすずしく快適にすごすための着方や住まい方を調べよう（1～4時間目）**

**対話的な学びの視点**

小グループで協力して布の性質調べや教室の通風実験などを行い，結果をもとに話し合う活動を充実させ，よりよい着方や住まい方について互いの考えを深めることができるようにしている。

**〔3〕わが家の「夏のさわやか快適生活」を工夫しよう**　（1時間目）

習得した知識をもとに，自分の課題を解決する方法を考える時，友達のアドバイスを参考にしながらよりよい実践計画が立てられるようにしている。

着方に関する実験コーナー

**課題解決に向けた実践活動**

**自分が考えた実践計画に基づいて，家庭で実践する。**

**実践活動の評価・改善**

（2時間目）　**主体的な学びの視点**　**対話的な学びの視点**

実践報告会では，互いの実践を図や言葉で紹介し合う場を設定し，アドバイスカードを用いて友達と意見を交流できるようにしている。友達の発表やアドバイスをもとに新たな課題を見付けたり，家族の感想から自分の成長を実感したりする活動を通して，今後の生活で主体的に取り組むことができるようにしている。

グループにおける実践報告会

**深い学びの視点**　題材を通して，生活の営みに係る見方・考え方のうち，「健康・快適」の視点を意識できるようにしている。衣服の主な働きについては，着方と関連させながらより深く理解することができるようにしている。また，既習事項の住まいの主な働き，生活体験と実験結果を関連付けながら，自然の風を取り入れたり，太陽の熱をさえぎったりする工夫の必要性を科学的に理解できるようにしている。「持続可能な社会の構築」や「生活文化」などの視点も関連付けて，「夏を涼しく快適に過ごすための着方や住まい方」について考えることを通し，「健康・快適」の概念の形成を促すことがポイントとなる。

### ⑵ 実践的・体験的な活動の充実

本題材では，快適な着方や住まい方を実感を伴って理解できるように，例えば下記のような実験コーナーを設けている。

住まい方に関する実験例〔2〕（3・4時間目）

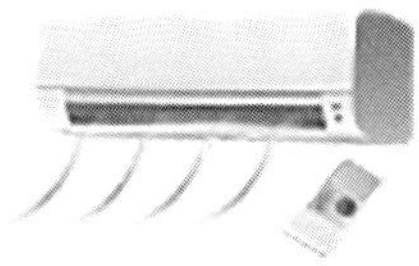

○日差しをさえぎることによる室内温度の違いを調べる実験例
- カーテンの開閉やグリーンカーテン等の有無などの条件を変えて，室内の温度を測って比べる。

○効果的な通風の仕方を調べる実験例
- 紙テープ等をつけた棒をもち，部屋の中で風通しを調べたい場所に立つ。
- 窓や出入口の開閉条件を変え，テープのなびき方を観察する。

○冷房機器の効果的な使い方を確かめる実験例
- エアコンの吹き出し口の向きを変え，場所によって冷え方が違うか調べる。

### ⑶ 家庭との連携

家族のためにより快適でより健康的な生活を工夫したいという児童一人一人の思いを実現するために，夏の生活に関するわが家の問題点を家族にインタビューしている。また，計画・実践記録表に，家族のメッセージを記入する欄を設け，解決方法の改善につなげている。家庭の協力を得るため，学年便りや懇談会等を通して情報を提供している。

## 本題材で使用したワークシートや資料

### ワークシートの一部

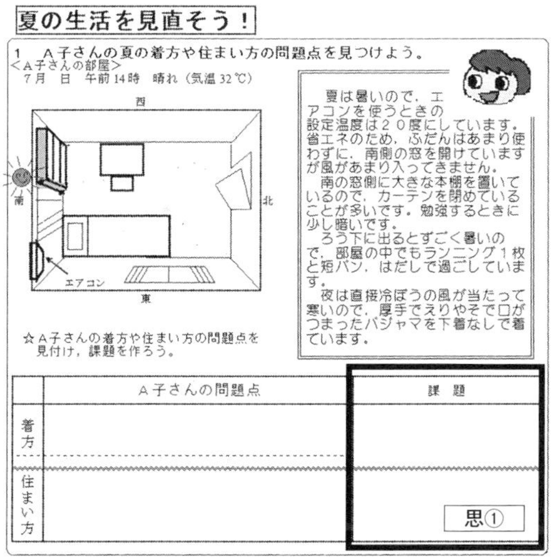

夏の生活を見直そう！

1　Ａ子さんの夏の着方や住まい方の問題点を見つけよう。
＜Ａ子さんの部屋＞
7月　日　午前14時　晴れ（気温32℃）



夏は暑いので，エアコンを使うときの設定温度は２０度にしています。省エネのため，ふだんはあまり使わずに，南側の窓を開けていますが風があまり入ってきません。
南の窓側に大きな本棚を置いているので，カーテンを閉めていることが多いです。勉強するときに少し暗いです。
ろう下に出るとすごく暑いので，部屋の中でもランニング１枚と短パン，はだしで過ごしています。
夜は直接冷ぼうの風が当たって寒いので，厚手でえりやそで口がつまったパジャマを下着なしで着ています。

☆Ａ子さんの着方や住まい方の問題点を見付け，課題を作ろう。

| | Ａ子さんの問題点 | 課　題 |
|---|---|---|
| 着方 | | |
| 住まい方 | | 思① |

※〔1〕1時間目で使用

〈藤井 純子〉

13

第6学年 B 衣食住の生活　C 消費生活・環境

# じめじめ季節も大丈夫！わが家のクリーン作戦

B (6)ア(ア)(イ)イ　C (2)アイ

## 1 題材について

本題材は，「B 衣食住の生活」の(6)「快適な住まい方」のアの(イ)「住まいの清掃の仕方」と(ア)「季節の変化に合わせた住まい方」及びイ，「C 消費生活・環境」の(2)「環境に配慮した生活」のア及びイとの関連を図り，気温･湿度ともに高い梅雨の時期に設定している。はじめに，季節に合わせた住まい方と関連付けて，人が健康に住まうことの大切さや清掃の必要性を実感させる。その上で，梅雨の時期の清掃について課題を設定し，その解決に向けて計画を立て，実践を行う。その際，健康，快適だけではなく環境に配慮した生活との関連を図り，家庭で実践し，評価・改善する構成となっている。

## 2 題材の目標

(1)　季節の変化に合わせた住まい方，住まいの清掃の仕方，環境に配慮した物（水や洗剤）の使い方について理解するとともに，それからに係る技能を身に付ける。

(2)　快適に住まうために環境に配慮した住まいの清掃の仕方について問題を見いだして課題を設定し，様々な解決方法を考え，実践を評価・改善し，考えたことを表現するなどして課題を解決する力を身に付ける。

(3)　家族の一員として，生活をよりよくしようと，環境に配慮した住まいの清掃の仕方について，課題の解決に向けて主体的に取り組んだり，振り返って改善したりして，生活を工夫し，実践しようとする。

## 3 題材の評価規準

| 知識・技能 | 思考・判断・表現 | 主体的に学習に取り組む態度 |
|---|---|---|
| ・季節の変化に合わせた住まい方について理解している。<br>・住まいの清掃の仕方について理解しているとともに，適切にできる。<br>・環境に配慮した物（水や洗剤）の使い方について理解している。 | 快適に住まうために環境に配慮した住まいの清掃の仕方について問題を見いだして課題を設定し，様々な解決方法を考え，実践を評価・改善し，考えたことを表現するなどして課題を解決する力を身に付けている。 | 家族の一員として，生活をよりよくしようと，環境に配慮した住まいの清掃の仕方について課題の解決に向けて主体的に取り組んだり，振り返って改善したりして，生活を工夫し，実践しようとしている。 |

## 4　指導と評価の計画　8時間

〔1〕じめじめ季節の住まいを快適に（省略）……………………………………………… 2時間
〔2〕工夫しよう　水まわりのそうじ……………………………………（本時 3・4／4）4時間
〔3〕じめじめ季節のわが家のクリーン作戦 ……………………………………………… 2時間

| 次時 | ○ねらい・学習活動 | 評価規準・評価方法 | | |
|---|---|---|---|---|
| | | 知識・技能 | 思考・判断・表現 | 主体的に学習に取り組む態度 |
| 〔1〕 | （省略） | | | |
| 〔2〕<br>1 | ○健康で快適に生活するために，住まいの清掃が必要であることを理解することができる。<br>・カビやダニが発生する梅雨の時期の学校や家庭での清掃について見直し，なぜ汚れるのか，何のために清掃をするのかを考え，発表し合う。 | ①健康で快適に生活するために，住まいの清掃が必要であることを理解している。<br>・ワークシート | | |
| 2 | ○健康・快適で環境に配慮した住まいの清掃の仕方について，問題を見いだして課題を設定することができる。<br>・水廻りの清掃の仕方について，家族へのインタビューや流し台の清掃の録画から気付いたことを話し合う。<br>・水廻りの清掃の仕方や環境に配慮した清掃の仕方について，課題を設定する。 | | ①健康・快適で環境に配慮した住まい（水廻り）の清掃の仕方について問題を見いだして課題を設定している。<br>・ワークシート | |
| 3<br>4<br>本時 | ○水廻りの汚れの種類や汚れに応じた清掃の仕方，水や洗剤を無駄なく使う清掃の仕方について理解し，適切に清掃することができる。<br>・各自がグループで清掃する場所の汚れの種類や汚れ方に応じた清掃の仕方を調べる。<br>・ゲストティーチャーから，洗剤や水を無駄なく使う清掃の仕方について話を聞く。<br>・調べた汚れの落とし方で試す。〔実験実習〕<br>・グループで気付いたことを発表し合い，環境に配慮した水廻りの清掃の仕方についてまとめる。 | ②水廻りの汚れの種類や汚れ方に応じた清掃の仕方を理解しているとともに，適切にできる。<br>・行動観察<br>・実習前後の写真<br>③水や洗剤を無駄なく使う清掃の仕方について理解している。<br>・ワークシート | | ①健康・快適で環境に配慮した住まい（水廻り）の清掃の仕方について，課題の解決に向けて主体的に取り組もうとしている。<br>・記録シート<br>・行動観察 |
| 〔3〕<br>1 | ○各自が健康・快適で環境に配慮した「わが家のクリーン作戦」の計画を考え，工夫することができる。<br>・前時の実験実習を生かし，健康・快適で環境に配慮した清掃の仕方を考え，実践計画を立てる。 | | ②健康・快適で環境に配慮した住まい（水廻り）の清掃の計画について考え，工夫している。<br>・計画・実践記録表 | ②健康・快適で環境に配慮した住まい（水廻り）の清掃の仕方について，課題解決に向けた一連の活動を振り返って改善しようとしている。 |

| | | | | |
|---|---|---|---|---|
| | 家庭実践 | | | ・記録シート<br>・行動観察 |
| 2 | ○「わが家のクリーン作戦」を振り返り，実践を評価・改善し，発表することができる。<br>・家庭での実践を振り返り，同じ清掃場所ごとのグループで改善策を話し合う。<br>・友達のアドバイスを生かし，実践計画を改善する。<br>・改善した計画のよさをグループで発表し合う。 | | ③健康・快適で環境に配慮した住まい（水廻り）の清掃の仕方について，実践を評価したり，改善したりしている。<br>・計画・実践記録表<br>④健康・快適で環境に配慮した住まい（水廻り）の清掃の仕方についての課題解決に向けた一連の活動について，考えたことを分かりやすく表現している。<br>・計画・実践記録表<br>・行動観察 | ③健康・快適で環境に配慮した住まい（水廻り）の清掃の仕方について工夫し，実践しようとしている。<br>・記録シート |

## 5 本時の展開〔2〕（3・4/4 時間）

(1) **小題材名**　工夫しよう　水まわりのそうじ

(2) **ねらい**　水廻りの汚れの種類や汚れに応じた清掃の仕方，水や洗剤を無駄なく使う清掃の仕方について理解し，適切に清掃することができる。

(3) **展　開**

| 時（分） | 学習活動 | ・指導上の留意点<br>評価規準　（評価方法） |
|---|---|---|
| 5 | 1　本時のめあてを確認する。<br>快適で環境にやさしい水まわりのそうじをしよう | ・水廻りの汚れについて，家庭でインタビューしたり，資料等で調べたりしておく。 |
| 10 | 2　グループで清掃する水廻りの場所（手洗い場・流し台など）の汚れの種類や汚れ方を観察する。<br>汚れの種類：石鹸カス・皮脂汚れ<br>カビの黒ずみ | |
| 10 | 3　各自が家でインタビューしたことをもとに，水廻りの汚れに応じた清掃の仕方を調べる。<br>・汚れの種類と適した洗剤<br>・洗剤の取扱い方<br>・用具　・清掃の仕方　など | 〔知識・技能〕<br>②水廻りの汚れの種類や汚れ方に応じた清掃の仕方について理解しているとともに，適切にできる。<br>（行動観察）（実習前後の写真） |

| | | |
|---|---|---|
| 15 | 4 ゲストティーチャー（中学校家庭分野担当教員）から水や洗剤を無駄なく使う清掃の仕方について話を聞く。 | 〔知識・技能〕<br>③水や洗剤を無駄なく使う清掃の仕方について理解している。<br>（ワークシート） |
| 15 | 5 グループで，清掃の仕方を確認し，担当場所の汚れに応じた環境に優しい清掃を行う。(実験実習) | ・家庭から用具を持参したり，学校で様々な洗剤を用意したりして，清掃場所に応じて用具・洗剤を選択できるようにする。 |
| 10 | 6 清掃して気付いたことをグループで話し合う。 | 〔主体的に学習に取り組む態度〕<br>①健康・快適で環境に配慮した住まい（水廻り）の清掃の仕方について，課題の解決に向けて主体的に取り組もうとしている。<br>（記録シート）<br>（行動観察） |
| 20 | 7 ホワイトボードにグループの意見をまとめ，使用した洗剤や用具を提示しながら発表（ボードセッション）を行う。<br>①汚れの種類<br>②汚れの種類に合った洗剤と量<br>③用具 ④清掃の仕方 | |
| 5 | 8 本時の学習を振り返り，今後，わが家の掃除に生かしたいことを発表する。 | ・家庭での実践につなげるよう助言し，実践への意欲を高める。 |

### ⑷ 学習評価の工夫

本題材では，児童が話し合って決めた学習の見通し（学習プログラム）に沿って活動を振り返り，記録する「記録シート」を作成している。本時の「知識･技能」の評価規準②，③については，水廻りの環境に配慮した清掃について実験実習を行う場面で，行動観察及び実習前後の写真，ワークシートの記述内容から評価している。②では，水廻りの汚れの種類に応じて，洗剤や用具を選び，汚れを適切に落としていること，③では，水を無駄なく使うことや洗剤の量についてワークシートに記述している場合を「おおむね満足できる」状況（B）と判断した。

「主体的に学習に取り組む態度」の評価規準①については，健康・快適で環境に配慮した水廻りの清掃の仕方についてまとめる場面で，記録シートの記述内容及び行動観察から評価している。水廻りの環境に配慮した清掃の仕方について，汚れの種類に応じた洗剤や用具，清掃の仕方をゲストティーチャーに聞いたり，ボードセッションの発表を参考にして粘り強く調べたりしようとしている場合を「おおむね満足できる」状況（B）と判断した。その際，「努力を要する」状況（C）と判断される児童に対しては，実験実習を振り返り，環境に配慮した清掃の仕方を試してみるなど，ゲストティーチャーと協力し，個に応じて指導する。

**◆評価に関する資料**

ワークシートの一部

「知識・技能」②，③のおおむね満足できる」状況（B）の記述例

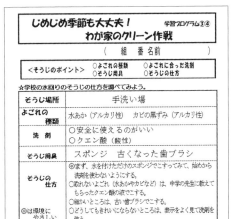

**じめじめ季節も大丈夫！ わが家のクリーン作戦**　学習プログラム③④

（　組　番 名前　　　　）

＜そうじのポイント＞　○よごれの種類　○よごれに合った洗剤　○そうじ用具　○そうじの仕方

☆学校の水回りのそうじの仕方を調べてみよう。

| | |
|---|---|
| そうじ場所 | 手洗い場 |
| よごれの種類 | 水あか（アルカリ性）　カビの黒ずみ（アルカリ性） |
| 洗剤 | ○安全に使えるのがいい<br>○クエン酸（酸性） |
| そうじ用具 | スポンジ　古くなった歯ブラシ |
| そうじの仕方<br>◎は環境にやさしい | ◎まず、水を付けただけのスポンジでこすってみて、始めから洗剤を使わないようにする。<br>○取れないよごれ（水あかやカビなど）は、中学の先生に教えてもらったクエン酸の液でこする。<br>○細かいところは、古い歯ブラシでこする。<br>○どうしてもきれいにならないところは、表示をよく見て洗剤を使う。<br>◎水を節約しながら落とすのが大切。 |

## 6 主体的・対話的で深い学びの実現に向けた授業づくりのポイント

### ⑴ 各学習過程における学習指導の工夫

**生活の課題発見**

**〔1〕じめじめ季節の住まいを快適に**　（1時間目）　**主体的な学びの視点**

梅雨の時期に，健康で快適に過ごすためのわが家の清掃について，第5学年の環境の学習との関連を図って課題を設定し，その解決を目指す目標をもたせている。同時に自分たちで学習の進め方を話し合い，課題解決の見通しをもつ（学習プログラム）。題材の初めに，課題解決の目標と学習の見通しをもつことで主体的に学習に取り組むことができるようにしている。

**解決方法の検討と計画**

**〔2〕工夫しよう　水まわりのそうじ**　（4時間目）　**対話的な学びの視点**

グループで行った実験実習について，清掃の用具や洗剤，清掃の仕方の工夫をホワイトボードにまとめ，交流する（ボードセッション）。発表者は，グループでまとめた「汚れを落とすポイント」について報告し，聞き手は，自分たちがうまくいかなかった汚れの落とし方のヒントを探すことができるようにしている。

また，わが家の課題解決につながりそうなグループの発表を聞いたり，質問したりして解決方法を探っていく。交流を通して，今まで考えていなかった清掃の仕方を見つけ，環境に配慮した清掃の仕方についての考えを広げ深めることができるようにしている。

ボードセッションの様子

**課題解決に向けた実践活動**

わが家のクリーン作戦を家庭で実践する。

**実践活動の評価・改善**

**〔3〕じめじめ季節のわが家のクリーン作戦**　（2時間目）　**対話的な学びの視点**　**主体的な学びの視点**

各家庭で行った清掃について，同じ清掃場所のグループで，自分の実践のポイントと家族からのアドバイスを発表し合う。題材全体を振り返り，意見交流することで，健康・快適で環境に配慮するためには，こまめに清掃することが大切であることを確認し，長く継続するための計画を具体的に見直すことができるようにしている。

**深い学びの視点**　本題材では，[1] で，梅雨の時期を健康に過ごすためには，清掃が必要であることを理解し，[2] で，自分で解決方法を考え，計画を立てて実践している。その際，生活の営みに係る見方・考え方のうち，「健康・快適」の視点だけではなく，環境に配慮した清掃の仕方についても考え，「持続可能な社会の構築」の視点へと考えを広げ，深めるとともに，清掃に関する具体的な学びを通して三つの視点の概念の形成を促す構成としている。

### ⑵ 小・中学校の系統性と中学校との連携

これまで中学校で扱っていたダニ・カビ等を「通風・換気」と「清掃」と関連を図り，梅雨の時期に扱う題材を設定している。また，中学校技術・家庭科（家庭科分野）の担当者と題材構成の検討や教材研究を一緒に行っている。さらに，本題材では，ゲストティーチャーとして授業に参加し，水や洗剤を無駄なく使う清掃の仕方について，用具を工夫することなどを紹介してもらっている。

### ⑶ 家庭との連携

梅雨の時期のわが家を快適にしたいとの願いが，清掃をしようとする主体的な学びを生む。その主体的な学びを支えるため，家庭と連携し，家庭でのインタビューなどに協力が得られるようにしている。また，学校での学習の様子を家庭科だより（家庭科ホットライン）などで，発信する。各自の実践を家族に評価してもらうことで，わが家の清掃の仕方を見直し，さらに長く継続的に実践する意欲へとつなげるようしている。

## 本題材で使用したワークシートや資料

### ①記録シートの一部

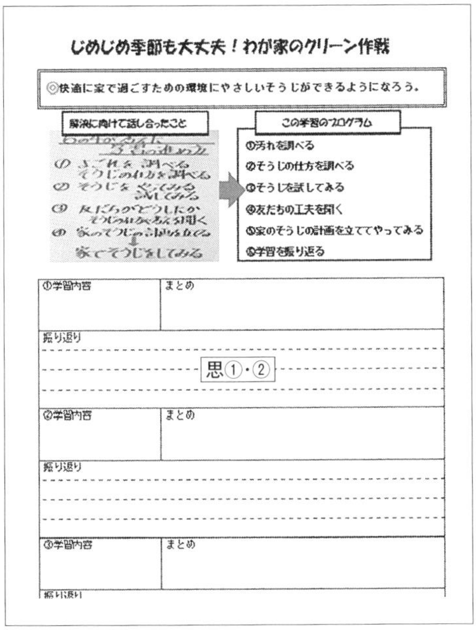
じめじめ季節も大丈夫！わが家のクリーン作戦

◎快適に家で過ごすための環境にやさしいそうじができるようになろう。

解決に向けて話し合ったこと

この学習のプログラム
①汚れを調べる
②そうじの仕方を調べる
③そうじを試してみる
④友だちの工夫を聞く
⑤家のそうじの計画を立ててやってみる
⑥学習を振り返る

①学習内容 / まとめ
振り返り
思①・②

②学習内容 / まとめ
振り返り

③学習内容 / まとめ
振り返り

※［3］1・2時間目使用

### ②計画・実践記録

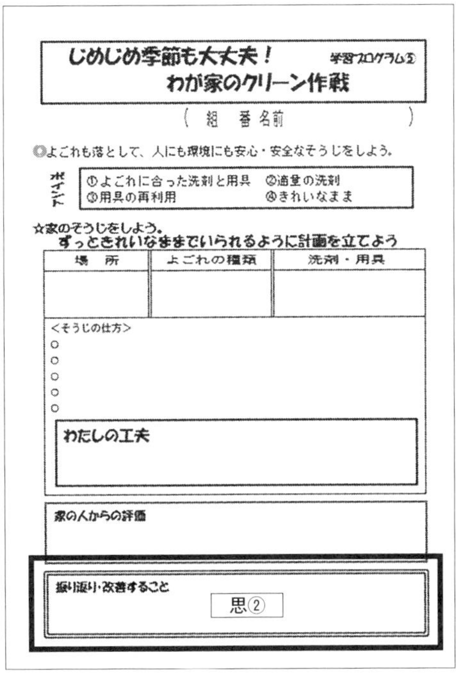
じめじめ季節も大丈夫！
わが家のクリーン作戦　学習プログラム⑤

（　組　番 名前　　　　　）

◎よごれも落として、人にも環境にも安心・安全なそうじをしよう。

ポイント
①よごれに合った洗剤と用具　②適量の洗剤
③用具の再利用　④きれいなまま

☆家のそうじをしよう。
ずっときれいなままでいられるように計画を立てよう

| 場　所 | よごれの種類 | 洗剤・用具 |
|---|---|---|
| | | |

<そうじの仕方>
○
○
○
○
○

わたしの工夫

家の人からの評価

振り返り・改善すること
思②

※［2］4［3］1・2時間目使用

〈山宮 玲子〉

14

第5学年 C 消費生活・環境

# 「ひな祭りパーティー」の買物をしよう

C(1)ア(ア)(イ)イ　(2)ア

## 1 題材について

本題材は，「C消費生活・環境」の(1)「物や金銭の使い方と買物」のアの(イ)「身近な物の選び方，買い方，情報の収集・整理」と(ア)「買物の仕組みや消費者の役割」及びイ「身近な物の選び方，買い方の工夫」，(2)「環境に配慮した生活」のア「物の使い方」との関連を図っている。特別活動における「ひな祭りパーティー」のさくらだんごの材料の購入について，いちごジャムの目的に合った選び方，環境に配慮した使い方について考え，計画を立てて実践し，評価・改善するとともに，これらの学習を通して，消費者の役割を理解する構成となっている。

## 2 題材の目標

(1) 消費者の役割，さくらだんごの材料の選び方，買い方，情報の収集・整理，環境に配慮した使い方について理解するとともに，それらに係る技能を身に付ける。
(2) さくらだんごの材料の選び方，買い方について問題を見いだして課題を設定し，様々な解決方法を考え，実践を評価・改善し，考えたことを表現するなどして課題を解決する力を身に付ける。
(3) 家族の一員として，生活をよりよくしようと，さくらだんごの材料の選び方，買い方，環境に配慮した使い方について，課題の解決に向けて主体的に取り組んだり，振り返って改善したりして，生活を工夫し，実践しようとする。

## 3 題材の評価規準

| 知識・技能 | 思考・判断・表現 | 主体的に学習に取り組む態度 |
| --- | --- | --- |
| ・消費者の役割について理解している。<br>・さくらだんごの材料の選び方，買い方を理解しているとともに，必要な情報の収集・整理が適切にできる。<br>・さくらだんごの材料の環境に配慮した使い方について理解している。 | さくらだんごの材料の選び方，買い方について問題を見いだして課題を設定し，様々な解決方法を考え，実践を評価・改善し，考えたことを表現するなどして課題を解決する力を身に付けている。 | 家族の一員として，生活をよりよくしようと，さくらだんごの材料の選び方，買い方，環境に配慮した使い方について，課題の解決に向けて主体的に取り組んだり，振り返って改善したりして，生活を工夫し，実践しようとしている。 |

## 4 指導と評価の計画 5時間

〔1〕「ひな祭りパーティー」の材料の買物をしよう……………………(展開例1 2，3/3) 3時間

〔2〕「ひな祭りパーティー」の買物を振り返ろう……………………(展開例2 1，2/2) 2時間

| 次時 | ○ねらい・学習活動 | 評価規準・評価方法 | | |
|---|---|---|---|---|
| | | 知識・技能 | 思考・判断・表現 | 主体的に学習に取り組む態度 |
| 〔1〕<br>1 | ○「ひな祭りパーティー」で作るさくらだんごの材料の選び方，買い方について問題を見いだし，課題を設定することができる。<br>・さくらだんご作りに必要な材料と分量について調べる。<br>・いちごジャムの選び方，買い方について課題を設定する。 | | ①さくらだんごの材料の選び方，買い方について問題を見いだし，課題を設定する。<br>・計画・実践記録表<br>・ワークシート | ①さくらだんごの材料の選び方，買い方について，課題の解決に向けて主体的に取り組もうとしている。<br>・計画・実践記録表<br>・行動観察 |
| 2<br>3<br>展開例1 | ○さくらだんごの材料（いちごジャム）の選び方，買い方，環境に配慮した使い方を理解し，購入に必要な情報を収集・整理して，買物計画を考え，工夫することができる。<br>・グループで作るさくらだんごに使ういちごジャムの情報を収集・整理し，選ぶ。<br>・各自が選んだジャムについて発表し合う。<br>・いちごジャムの無駄のない使い方について発表し合う。<br>・無駄なく購入する視点から選び方を見直す。<br>・グループで購入するジャムを決め，買物計画を立てる。 | ①さくらだんごの材料の選び方，買い方を理解しているとともに，購入するために必要な情報の収集・整理が適切にできる。<br>・ワークシート<br>②さくらだんごの材料の環境に配慮した使い方について理解している。<br>・ワークシート | ②さくらだんごの材料の選び方，買い方について，買物計画を考え，工夫している。<br>・計画・実践記録表 | ②さくらだんごの材料の選び方，買い方について，課題解決に向けた一連の活動を振り返って改善しようとしている。<br>・計画・実践記録表<br>・行動観察 |
| | 購入した材料でさくらだんごを作り，学級でひな祭りパーティーを行う。（特別活動） | | | |
| 〔2〕<br>1<br>2<br>展開例2 | ○さくらだんごの材料（いちごジャム）の選び方，買い方について実践を評価・改善し，「買物の極意」としてまとめるとともに，消費者の役割について理解することができる。<br>・購入後に適切に活用しているかなどを評価し，交流する。<br>・これからの買物に生かすことを「買物の極意」としてまとめる。<br>・「買物の極意」をもとに，消費者の役割について話し合う。<br>・消費者の役割についてまとめ，発表し合う。 | ③消費者の役割について理解している。<br>・計画・実践記録表 | ③さくらだんごの材料の選び方，買い方について，実践を評価したり，改善したりしている。<br>・計画・実践記録表<br>④さくらだんごの材料の選び方，買い方についての課題解決に向けた一連の活動について，考えたことを分かりやすく表現している。 | ③さくらだんごの材料の選び方，買い方について工夫し，実践しようとしている。<br>・計画・実践記録表 |

| | | | | |
|---|---|---|---|---|
| | | | ・計画・実践記録表<br>・行動観察 | |

## 5 本時の展開

### 【展開例 1】〔1〕（2・3/3 時間）

(1) **小題材名** 「ひな祭りパーティー」の材料の買物をしよう

(2) **ねらい** さくらだんごの材料（いちごジャム）の選び方，買い方，環境に配慮した使い方を理解し，購入に必要な情報を収集·整理して，買物計画を考え，工夫することができる。

(3) **展　開**

<table>
<tr><th>時<br>(分)</th><th>学習活動</th><th>・指導上の留意点<br>評価規準　(評価方法)</th></tr>
<tr><td>5</td><td>1　本時のめあてを確認する。<br><br>さくらだんごには，どのジャムを選ぶとよいだろう。</td><td></td></tr>
<tr><td>15</td><td>2　グループで作るだんごに使ういちごジャムの情報を各自が収集し，選ぶ。<br>〈ジャムの種類と観点〉
<table>
<tr><th></th><th>A</th><th>B</th><th>C</th></tr>
<tr><td>値段</td><td>193 円</td><td>236 円</td><td>387 円</td></tr>
<tr><td>量</td><td>150g</td><td>380g</td><td>255g</td></tr>
<tr><td>賞味期限</td><td>9ヶ月後</td><td>10ヶ月後</td><td>9ヶ月後</td></tr>
<tr><td>品質</td><td>いちご本来の甘酸っぱさ</td><td>砂糖不使用果物だけの甘さ（果肉入り）</td><td>甘さと香りがさわやか</td></tr>
</table></td><td>・いちごジャムの実物や情報が書かれた資料を用意する。<br>・ワークシートに整理したことを共有する場を設け，選んだ理由について，優先した観点を基に説明するよう助言する。<br>・選んだ商品にネームプレートを貼ることで，互いの立場を明確にし，考えを聞くことができるようにする。<br><br>〔知識・技能〕<br>①さくらだんごの材料の選び方，買い方を理解しているとともに，購入するために必要な情報の収集・整理が適切にできる。<br>(ワークシート)</td></tr>
<tr><td>25</td><td>3　各自が選んだジャムについて，選んだ理由を明確にして発表し合う。</td><td></td></tr>
<tr><td>5</td><td>4　いちごジャムの表示を見直す。<br>〈表示に記載されている内容〉<br><br>開栓後はカビが生えやすくなるため，保存の目安は２週間です。</td><td>・いちごジャムの表示を確かめ，どのジャムも開栓後は２週間以内に食べきる必要があることに気付くようにする。</td></tr>
<tr><td>15</td><td>5　いちごジャムの無駄のない使い方について発表し合う。<br>・A→分量とほぼ同じ量のため，一度で使い切ることができる。<br>・B→余った分をだんごに塗る。<br>だんごに混ぜる量を少なくして，２つの班で分ける。<br>・C→２つの班で分けて，余った分を塗る。<br>など</td><td>・「量」を重視している児童の発表から，無駄のない使い方の視点に着目できるようにする。<br>・購入後の活用について，家族にインタビューしたことや生活経験を発表する。<br><br>〔知識・技能〕<br>②さくらだんごの材料の環境に配慮した使い方について理解している。<br>(ワークシート)</td></tr>
<tr><td>10</td><td>6　無駄なく購入する視点からジャムの選び方を見直す。<br>・変更した場合は，ネームプレートを貼り替える。</td><td>・変更した児童の理由を共有する。<br>・無駄なく購入する方法として，「分量がちょうど」の物を選ぶ方法と「分量が多いが，活用の仕方を予め考えて選ぶ」方</td></tr>
</table>

| | | |
|---|---|---|
| 10 | 7 グループで購入するジャムを決め，買物計画を立てる。<br>〈買物計画〉<br>・買物の目的<br>・材料と分量<br>・買物メモ（予算，日付，買う物等）<br>・実習の持ち物 など | 法があることに気付くようにする。<br>・購入する目的を確かめるよう促す。<br>〔思考・判断・表現〕<br>②さくらだんごの材料の選び方，買い方について，買物計画を考え，工夫している。<br>（計画・実践記録表）<br>〔主体的に活動に取り組む態度〕<br>②さくらだんごの材料の選び方，買い方について，課題解決に向けた一連の活動を振り返って改善しようとしている。<br>（計画・実践記録表）（行動観察） |
| 5 | 8 本時の学習を振り返り，次時の活動を確認する。 | ・計画したことを実践に生かすことができるよう励ます。 |

### (4) 学習評価の工夫

本時の「知識・技能」の評価では，評価規準①については，いちごジャムの購入に必要な情報を収集・整理する場面で，ワークシートの記述内容から評価している。選ぶ観点を記入し，収集した情報を整理して記述している場合を「おおむね満足できる」状況（B）と判断した。その際，「努力を要する」状況（C）と判断される児童に対しては，これまでの学習を振り返って，選ぶ観点や表示の見方を確認する。評価規準②については，購入後の活用を考える場面で，ワークシートの記述内容から評価している。いちごジャムの無駄のない使い方について記述している場合を「おおむね満足できる」状況（B）と判断した。

「思考・判断・表現」の評価規準②については，購入するいちごジャムを選択し，買物計画を立てる場面で，計画・実践記録表から評価している。収集・整理した情報を活用し，無駄なく購入する視点からいちごジャムを選び，買物計画を工夫している場合を「おおむね満足できる」状況（B）と判断した。

「主体的に学習に取り組む態度」の評価規準②については，計画・実践記録表の記述内容及び行動観察から評価している。いちごジャムの選び方について，購入後の活用を考えるなど，目的に応じたよりよいものを購入するために買物計画を改善しようとしている場合を「おおむね満足できる」状況（B）と判断した。なお,「主体的に学習に取り組む態度」の評価規準①②の学びの姿は，相互に関わり合いながら立ち現れることに留意する。

**◆評価に関する資料**

ワークシートの一部

「知識・技能」②の「おおむね満足できる」状況（B）の記述例

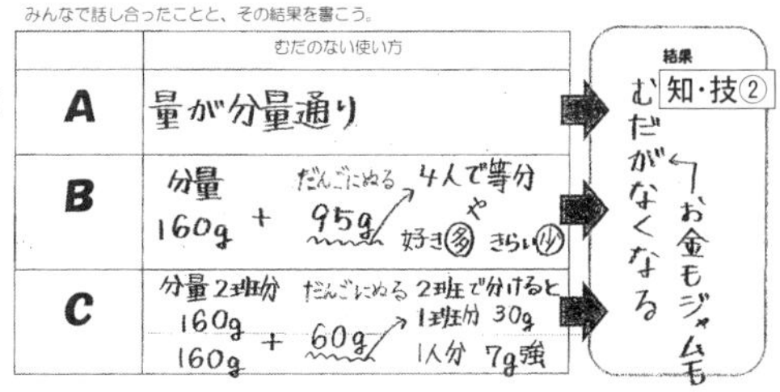

計画・実践記録表の一部
「思考・判断・表現」②の「おおむね満足できる」状況（B）の記述例

)班で選んだジャムと、それを選んだ理由を書こう。

| | |
|---|---|
| B | 理由：砂糖不使用。<br>だんごにぬるジャムの量もちょうどでむだがない。<br>品質が良い。 |

## 【展開例２】〔２〕（１・2/2時間）

⑴ **小題材名**　「ひな祭りパーティー」の買物を振り返ろう

⑵ **ねらい**　さくらだんごのジャムの選び方，買い方について実践を評価・改善し，買物の極意としてまとめるとともに，消費者の役割について理解することができる。

⑶ **展　開**

| 時（分） | 学習活動 | ・指導上の留意点<br>評価規準　（評価方法） |
|---|---|---|
| 5 | 1　本時のめあてを確認する。<br>買物の計画と実習を振り返ろう。 | |
| 25 | 2　ジャムの選び方と購入後の活用について，他のグループと評価し合う。<br><br>〈評価のポイント〉<br>・目的に合った品質のよい物を選ぶために，表示やマークを見て選ぶことができたか<br>・予算内に購入することができたか<br>・無駄なく使うことができたか | ・買物実習のレシートや実際に買った材料及び作っただんごの写真を用意し，客観的に振り返ることができるようにする。<br><br>・他のグループの児童と相互評価する場を設け，互いの選び方，買い方のよさに気付くようにする。<br><br>〔思考・判断・表現〕<br>③さくらだんごの材料の選び方，買い方について，実践を評価したり，改善したりしている。<br>（計画・実践記録表） |
| 15 | 3　これからの買物に生かすことを発表し合い，「買物の極意」としてまとめる。<br>〈買物の極意〉<br>・買う前に本当に必要かよく考える。<br>・買物メモを作成したり，買物計画を立てたりする。<br>・買った後のことまで考えて選ぶ。 | ・これまで学習したことを想起する場を設け，考えを全体で共有する。<br><br>〔思考・判断・表現〕<br>④さくらだんごの材料の選び方，買い方についての課題解決に向けた一連の活動について，考えたことを分かりやすく表現している。<br>（計画・実践記録表）（行動観察） |
| 20 | 4　「買物の極意」をもとに，消費者の役割について話し合う。 | |
| 20 | 5　消費者の役割について発表し合い，まとめる。 | ・買物実習を想起し，自分の消費行動を消費者の役割と結び付けて考えることがで |

| | | |
|---|---|---|
| | 〈消費者の役割〉<br>・買物メモを基に，必要な物だけ買う。<br>・買物袋を持参し，ごみを減らす。<br>・買った物は，最後まで使い切る。 | きるようにする。<br>**〔知識・技能〕**<br>③消費者の役割について理解している。<br>（計画・実践記録表） |
| 5 | 6 本時の学習や「ひな祭りパーティー」を振り返る。<br>・本時の学習で分かったこと<br>・本題材で学んだこと<br>・今後の生活に生かしたいこと | ・家庭で工夫できるよう励まし，日常生活での実践への意欲を高める。<br>**〔主体的に活動に取り組む態度〕**<br>③さくらだんごの材料の選び方，買い方について工夫し，実践しようとしている。<br>（計画・実践記録表） |

### (4) 学習評価の工夫

本時の「知識·技能」の評価規準③については，消費者の役割についてまとめる場面で，計画・実践記録表の記述内容から評価している。買物の極意を消費者の役割と結び付けて記述している場合を「おおむね満足できる」状況（B）と判断した。

「思考・判断・表現」の評価では，評価規準③については，いちごジャムの選び方，買い方について，実践を評価・改善する場面で，計画・実践記録表の記述内容から評価している。表示やマークを見て，目的に合った品質のよいものを予算内で購入している場合を「おおむね満足できる」状況（B）と判断した。評価規準④については，これからの買物に生かしたいことを「買物の極意」としてまとめ，発表する場面で，計画・実践記録表の記述内容や行動観察から評価している。

「主体的に学習に取り組む態度」の評価規準③については，「ひな祭りパーティー」の学習を振り返る場面で，計画・実践記録表の記述内容から評価している。学習したことを生かして家庭でも工夫し，実践しようと記述している場合を「おおむね満足できる」状況（B）と判断した。

**◆評価に関する資料**

**計画・実践記録表の一部**

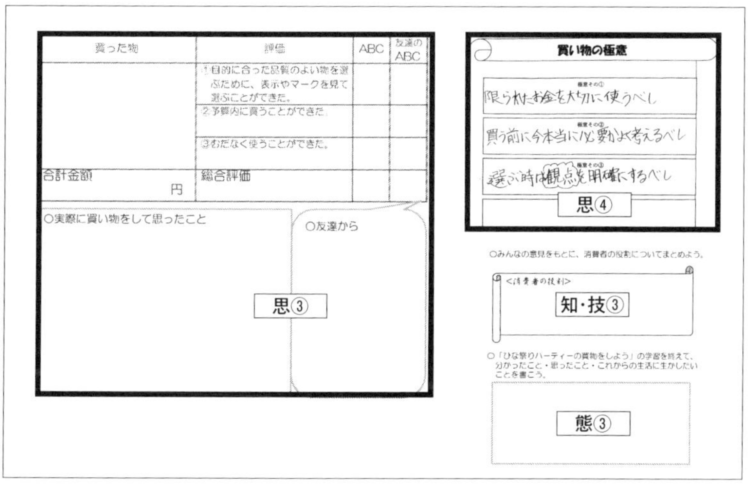

## 6 主体的・対話的で深い学びの実現に向けた授業づくりのポイント

### (1) 各学習過程における学習指導の工夫

**生活の課題発見**

**[1]「ひな祭りパーティー」の買物をしよう　（1 時間目）** 主体的な学びの視点

「ひな祭りパーティー」でさくらだんごを作るという目的を明確にし，学習の見通しをもてるようにしている。その際，実際に買物実習をすることを知らせ，主体的に学習活動に取り組むことができるようにしている。また，材料や分量を調べる中で，だんごに混ぜるいちごジャムには種類があることに気付き，選び方，買い方について課題をもてるようにしている。

さくらだんご

**解決方法の検討と計画**

**（2・3 時間目）** 対話的な学びの視点

3 種類のいちごジャムの情報を各自が収集して選び，選んだ理由を話し合うことで，考えを広げ深めることができるようにしている。さらに，表示を見直す場面を設定することで，開栓後は賞味期限に関わらず早めに食べきる必要があることに気付き，「無駄なく使う」という持続可能な社会の構築の視点から考えを見直すことができるようにしている。その上で，グループで買物計画を立てる場を設けることによって，目的に合った品質のよい物を無駄なく買うことができるようにしている。

いちごジャム

**課題解決に向けた実践活動**

**グループで考えた計画に基づいて買物実習を行い，「ひな祭りパーティー」でさくらだんごを作って試食する。**

**実践活動の評価・改善**

**[2]「ひな祭りパーティー」の買物を振り返ろう（1・2時間目）** 主体的な学びの視点　対話的な学びの視点

互いの選び方，買い方について，選んだいちごジャムや作っただんごの写真，レシート，実習記録表等を用いて紹介し合う場を設定し，友達と意見を交流できるようにしている。また，友達の発表やアドバイスをもとに新たな課題を発見し，今後の生活の中でも学習を生かし，主体的に取り組むことができるようにしている。

振り返りの様子

**深い学びの視点** 本題材では，生活の営みに係る見方・考え方のうち，「持続可能な社会の構築」の視点を働かせることができるように構成している。さくらだんごの材料であるいちごジャムを選ぶ際，購入後の活用の仕方について発表し合うことを通して，目的に合わせた品質のよいものを無駄なく購入するための考えを広げ深めることができるようにしている。さらに，買物の計画や実習を評価・改善し，「買物の極意」としてまとめることで，日常生活に活用できるようにしている。このように，「持続可能な社会の構築」という概念の形成につなげるようにすることがポイントとなる。

### (2) 特別活動との関連

本題材は，学校行事「卒業を祝う集会」の企画・運営を振り返る学級会（ひな祭りパーティー）との関連を図り，学年末に位置付けている。その際，さくらだんごを作ることによって，日本の伝統文化に触れる機会としている。また，さくらだんごを作るための材料の買物は，本題材への意欲を高め，主体的な学びを支える。さらに，本題材で学習したことが，「A 家族･家庭生活」の (3)「家族や地域の人々との関わり」の団らんの学習や(4)「家族・家庭生活についての課題と実践」の学習にも活用できるようにしている。

### (3) 家庭・地域との連携

目的に合った品質のよい物を無駄なく買物をしようという児童一人一人の目標を実現できるよう，わが家の買物の仕方や工夫を家族にインタビューしたり，「わが家の買物日記」に記録したりする場を設定している。また，家庭の理解と協力が得られるよう，定期的に「家庭科だより」を発行し，子供たちの学習の様子や協力してほしいことを保護者に発信している。さらに，近隣のスーパーマーケットに協力を依頼し，買物実習に向けて商品を揃えてもらったり，直接インタビューに答えてもらえるようにしたりしている。

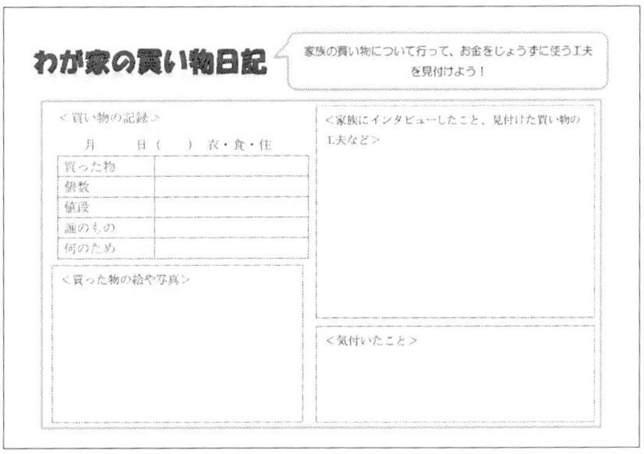
わが家の買い物日記
家族の買い物について行って、お金をじょうずに使う工夫を見付けよう！

＜買い物の記録＞
月　日（　）衣・食・住

| | |
|---|---|
| 買った物 | |
| 個数 | |
| 値段 | |
| 誰のもの | |
| 何のため | |

＜買った物の絵や写真＞

＜家族にインタビューしたこと、見付けた買い物の工夫など＞

＜気付いたこと＞

わが家の買物日記（一部）

## 本題材で使用したワークシートや資料

### ○ワークシートの一部

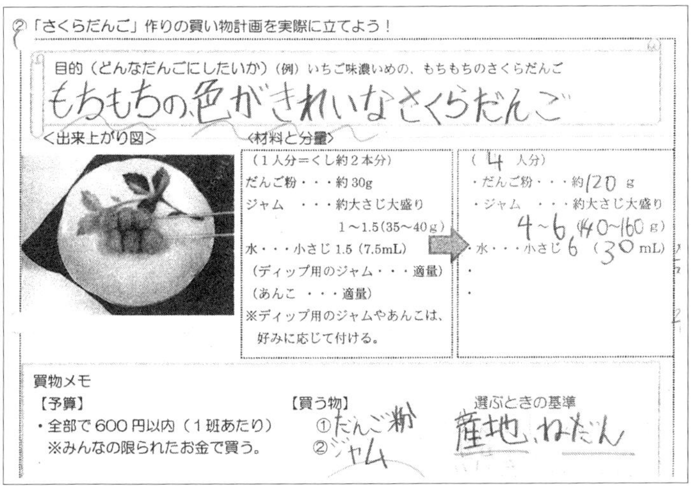
②「さくらだんご」作りの買い物計画を実際に立てよう！

目的（どんなだんごにしたいか）（例）いちご味濃いめの、もちもちのさくらだんご
もちもちの色がきれいなさくらだんご

＜出来上がり図＞

＜材料と分量＞
（1人分＝くし約2本分）
だんご粉・・・約 30g
ジャム　・・・約大さじ大盛り 1～1.5（35～40g）
水・・・小さじ 1.5（7.5mL）
（ディップ用のジャム・・・適量）
（あんこ　・・・適量）
※ディップ用のジャムやあんこは、好みに応じて付ける。

（ 4 人分）
・だんご粉・・・約 120 g
・ジャム　・・・約大さじ大盛り 4～6（140～160 g）
・水・・・小さじ 6（30 mL）

買物メモ
【予算】
・全部で 600 円以内（1班あたり）
※みんなの限られたお金で買う。
【買う物】
①だんご粉
②ジャム
選ぶときの基準
産地、ねだん

※［1］1 時間目で使用

〈池田 美貴〉

15

第6学年 C 消費生活・環境　B 衣食住の生活

# くふうしよう 環境にやさしく，おいしい食事

C (2)アイ　B (2)ア(ウ)(エ)イ　(3)ア(ウ)

## 1 題材について

「C 消費生活・環境」の(2)「環境に配慮した生活」については，2学年間で「B 衣食住の生活」との関連を図って実践的に学習を進めている。B (2)「調理の基礎」においては，下記の題材配列表を作成し，段階的に指導できるようにしている。本題材では，2学年間の最後の調理の学習として献立との関連を図るとともに，資源やエネルギーなどを視点として，調理実習における材料や水，ガスなどの使い方を振り返り，環境に配慮した生活について，工夫することができるようにしている。また，総合的な学習の時間における環境に関する学習との関連を図った構成となっている。

| | | 5　年 | | 6　年 | |
|---|---|---|---|---|---|
| | | はじめてみようクッキング | 食べて元気に | いためてつくろう 朝食のおかず | くふうしよう おいしい食事 |
| 実習内容 | | 湯のわかし方 じゃがいも・青菜 ゆで野菜 | ご飯とみそ汁 | 卵・野菜炒め | 一食分の調理 |
| 環境についての指導のポイント | 電気・ガス | ・なべややかんの底がぬれていたらふく。<br>・ほのおがはみ出さないようにし，エネルギーのむだを省く。<br>・なべにふたをして湯をわかす | → | → | → |
| | 水 | ・材料は，ためた水につけてふり洗いした後流水で洗う。<br>（青菜，ブロッコリー，キャベツ） | ・米のとぎ汁を有効利用する | ・汚れの少ない物から洗う<br>・不用な布や紙でフライパンの油汚れをふきとる | ・じゃがいもがかぶるぐらいの水を入れる。 |
| | ごみ・不用品 | ・水をよく切って燃やすごみに出す。<br>・地面に埋める。<br>・堆肥を作る。 | → | ・不要な布や紙でフライパンの油汚れをふきとる。 → | ・ごみを分別する。 → |
| | 材料 | ・材料を無駄なく使う<br>（キャベツの芯 ブロッコリーの葉） | → | ・材料を無駄なく使う<br>（にんじんの皮） → | ・材料を無駄なく使う<br>（じゃがいもの皮） → |

C (2)「環境に配慮した生活」に関する題材ごとの指導のポイント

## 2 題材の目標

(1) じゃがいも料理に必要な材料の分量や切り方，調理の仕方，栄養のバランスを考えた1食分の献立作成の方法，環境に配慮した調理の仕方や後片付けについて理解するとともに，それらに係る技能を身に付ける。

(2) 資源や材料を無駄なく使い，おいしく食べるためにじゃがいも料理の調理計画や調理の仕方について問題を見いだして課題を設定し，様々な解決方法を考え，実践を評価・改善し，考えたことを表現するなどして課題を解決する力を身に付ける。

(3) 家族の一員として，生活をよりよくしようと，資源や材料を無駄なく使い，おいしく食べるじゃがいも料理の調理の仕方や後片付けの課題の解決に向けて，主体的に取り組

んだり，振り返ったりして，生活を工夫し，実践しようとする。

## 3 題材の評価規準

| 知識・技能 | 思考・判断・表現 | 主体的に学習に取り組む態度 |
|---|---|---|
| ・じゃがいも料理に必要な材料の分量や切り方，調理の仕方について理解しているとともに，適切にできる。<br>・栄養のバランスを考えた1食分の献立作成の方法について理解している。<br>・環境に配慮した調理の仕方や後片付けについて理解している。 | 資源や材料を無駄なく使い，おいしく食べるためにじゃがいも料理の調理計画や調理の仕方について問題を見いだして課題を設定し，様々な解決方法を考え，実践を評価・改善し，考えたことを表現するなどして課題を解決する力を身に付けている。 | 家族の一員として，生活をよりよくしようと，資源や材料を無駄なく使い，おいしく食べるじゃがいも料理の調理の仕方や後片付けの課題の解決に向けて，主体的に取り組んだり，振り返ったりして，生活を工夫し，実践しようとしている。 |

## 4 指導と評価の計画 10時間

〔1〕家族と食べる1食分の献立を工夫しよう（省略）……………………………… 2時間

〔2〕環境にやさしく，じゃがいも料理をおいしく作ろう……………………（本時1/5）5時間

〔3〕環境にやさしい調理の仕方や後片付けを家庭や地域に伝えよう………………… 2時間

〔4〕家族との食事を楽しもう（省略）………………………………………………… 1時間

| 次時 | ○ねらい・学習活動 | 評価規準・評価方法<br>知識・技能 | 評価規準・評価方法<br>思考・判断・表現 | 評価規準・評価方法<br>主体的に学習に取り組む態度 |
|---|---|---|---|---|
| 〔1〕 | （省　略） | | | |
| 〔2〕<br>1<br>本時 | ○資源や材料を無駄なく使い，おいしく食べるためのじゃがいも料理の調理の仕方や後片付けについて問題を見いだして課題を設定することができる。<br>・調理実習の動画を視聴し，気づいたことを発表する。<br>・写真やこれまでの経験等からおいしく感じるじゃがいも料理についてグループで話し合う。<br>・「環境」と「おいしさ」の視点から課題を設定する。 | | ①資源や材料を無駄なく使い，おいしく食べるためのじゃがいも料理の調理の仕方や後片付けについて，問題を見いだして課題を設定している。<br>・ワークシート | |
| 2 | ○作りたいじゃがいも料理に必要な材料の分量や切り方，調理の仕方，資源や材料を無駄なく使う調理の仕方や後片付けについて理解することができる。<br>・作りたいじゃがいも料理に必要な材料の分量や調理の仕方，資源や材料を無駄なく使う調理の | ①作りたいじゃがいも料理に必要な材料の分量や切り方，調理の仕方について理解し，適切にできる。<br>・ワークシート<br>**指導に生かす評価**<br>②資源や材料を無 | | ①資源や材料を無駄なく使い，おいしく食べるじゃがいも料理の調理の仕方や後片付けの課題解決に向けて，主体的に取り組 |

| | | | | |
|---|---|---|---|---|
| | 仕方や後片付けについて，本等で調べたり，栄養教諭の話を聞いたりしてまとめる。 | 駄なく使う調理の仕方や後片付けについて理解し，適切にできる。<br>・ワークシート<br>**指導に生かす評価** | | もうとしている。<br>・計画・実習記録表<br>・行動観察 |
| 3 | ○資源や材料を無駄なく使うじゃがいも料理の調理計画を考え，工夫することができる。<br>・調理計画を立てる。<br>・調理計画の中に，資源や材料を無駄なく使い，おいしく食べるための工夫を記載する。<br>・ペアで調理計画を交流し，見直す。 | | ②資源や材料を無駄なく使い，おいしく食べるためのじゃがいも料理の調理計画について考え，工夫している。<br>・計画・実習記録表 | |
| 4<br>5 | ○環境にやさしく，じゃがいも料理をおいしく調理したり，後片付けをしたりすることができる。<br>・二人一組でじゃがいも料理を調理したり，後片付けをしたりする。（一人調理）<br>・調理や後片付けをしているペアの様子を観察・評価する。 | ①の評価規準<br>**記録に残す評価**<br>・行動観察<br>②の評価基準<br>・行動観察<br>・計画・実習記録表<br>**記録に残す評価** | | ②資源や材料を無駄なく使い，おいしく食べるじゃがいも料理の調理の仕方や後片付けについて，課題の解決に向けて主体的に取り組もうとしている。<br>・計画・実習記録表<br>・行動観察 |
| 〔3〕<br>1 | ○資源や材料を無駄なく使いおいしく食べるための調理計画や調理の仕方や後片付けについて実践を発表し，評価・改善することができる。<br>・各自が実践した調理の仕方や後片付け等，調理計画に記載した工夫について相互評価する。<br>・実践について各自が「環境」と「おいしさ」の視点から振り返り，改善する。 | | ③資源や材料を無駄なく使い，おいしく食べるため調理計画や調理の仕方や後片づけについて，実践を評価したり，改善したりしている。<br>・計画・実習記録表 | ③資源や材料を無駄なく使い，おいしく食べるじゃがいも料理の調理の仕方や後片付けについて工夫し，実践及び改善をしようとしている。<br>・計画・実習記録表 |
| 2 | ○資源や材料を無駄なく使い，おいしく食べるための調理の仕方や後片づけについての課題解決に向けた一連の活動について，考えたことを分かりやすく表現することができる。<br>・家族や地域の方に対して伝えたい環境のポイントについてまとめ，発表し合う。 | | ④資源や材料を無駄なく使い，おいしく食べるための調理計画や調理の仕方や後片づけについての課題解決に向けた一連の活動について，考えたことを分かりやすく表現している。<br>・行動観察 | |

## 5 本時の展開〔2〕（1/5時間）

⑴ **小題材名**　環境にやさしく，じゃがいも料理をおいしく作ろう

⑵ **ねらい**　資源や材料を無駄なく使い，おいしく食べるためのじゃがいも料理の調理の仕方や後片付けについて問題を見いだして課題を設定することができる。

⑶ **展　開**

| 時（分） | 学習活動 | ・指導上の留意点<br>評価規準　（評価方法） |
|---|---|---|
| 5 | 1　本時のめあてを確認する。<br>環境にやさしく，じゃがいも料理をおいしく作るには？ | |
| 10 | 2　調理実習の動画を視聴し，環境に配慮した調理の仕方や後片付けについて考え，気づいたことを交流する。 | ・水や材料の使い方などに注目して動画を視聴させ，環境への配慮（準備・調理・後片付け）のポイントを整理する。 |
| 15 | 3　じゃがいも料理の写真やこれまでに食べた経験等からおいしく感じるじゃがいも料理についてグループで話し合い，全体で交流する。 | ・作りたいじゃがいも料理（粉ふき芋，ジャーマンポテト，野菜いため）のグループごとに話し合わせる。 |
| 10 | 4「環境」と「おいしさ」の２つの視点から課題を設定する。<br>（課題例）<br>・水を無駄なく，節約して使うには？<br>・ホクホクした粉ふき芋にするには？ | 〔思考・判断・表現〕<br>①資源や材料を無駄なく使い，おいしく食べるためのじゃがいも料理の調理の仕方について，問題を見いだして課題を設定している。<br>（ワークシート） |
| 5 | 5　本時の学習を振り返る。 | ・これからの学習の見通しをもたせる。 |

⑷ **学習評価の工夫**

本時の「思考・判断・表現」の評価規準①については，作りたいじゃがいも料理の課題を設定する場面で，ワークシートの記述内容から評価している。

おいしく作るための手順や水や材料の無駄のない使い方について問題を見いだし課題を設定している場合を「おおむね満足できる」状況（B）と判断した。その際，「努力を要する」状況（C）と判断される児童に対しては，じゃがいも料理の作り方を確認したり，水や材料の使い方について調理実習を振り返ったりして，問題点を見付けることができるようにする。また，環境への配慮とおいしく食べるための手順を関連付けて課題を設定している場合を「十分満足できる」状況（A）と判断することが考えられる。

**◆評価に関する資料**
ワークシートの一部

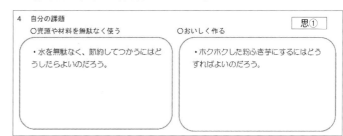

4　自分の課題　　思①

○資源や材料を無駄なく使う
・水を無駄なく、節約してつかうにはどうしたらよいのだろう。

○おいしく作る
・ホクホクした粉ふき芋にするにはどうすればよいのだろう。

## 6 主体的・対話的で深い学びの実現に向けた授業づくりのポイント

### (1) 各学習過程における学習指導の工夫

**生活の課題発見**

**〔2〕環境にやさしく，じゃがいも料理をおいしく作ろう**　**主体的な学びの視点**

**（1 時間目）**

調理実習の動画を振り返る様子

1 学期の調理実習の動画を，水や材料の使い方に注目して視聴することにより，環境に配慮した調理の仕方や後片付けの必要性に気付かせ，課題を設定する。また，作りたいじゃがいも料理のグループで，料理の写真を見たり，これまでに食べたじゃがいも料理の経験を話し合ったりして，おいしく作るための課題を設定し，学習に主体的に取り組めるようにしている。

**解決方法の検討と計画**

**対話的な学びの視点**

**（3 時間目）**

調理計画を交流する様子

各自が「環境」と「おいしさ」の視点を取り入れた調理計画を立てる。立てた調理計画をペアで交流し，よりよい計画となるよう見直す。

**課題解決に向けた実践活動**

**（4・5 時間目）**　**対話的な学びの視点**

調理は，二人一組で行う。一人は調理を行い，もう一人は「環境」と「おいしさ」の視点から評価することで，児童は自分の調理の仕方や後片付けを客観的に把握することができる。また，友達と交流することで，思考を広げ，深めることができるようにしている。

フライパンの後片付けの様子

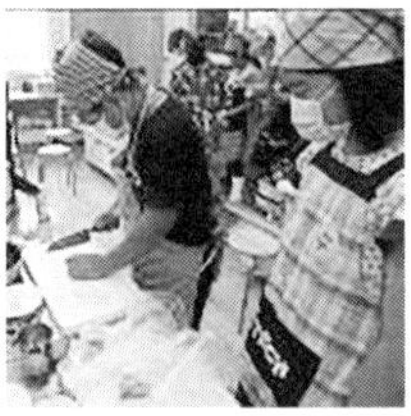
調理を観察している様子

**実践活動の評価・改善**

**〔3〕環境にやさしい調理の仕方や後片付けを家庭や地域に伝えよう**　**主体的な学びの視点**

**（1・2 時間目）**

課題解決に向けた一連の活動を通して，伝えたい環境のポイントをまとめるとともに新たな課題を見付ける。それらを家族や地域の人に向けて分かりやすく表現できるようにしている。

**深い学びの視点**　生活の営みに係る見方・考え方のうち，「持続可能な社会の構築」の視点については，2 学年間を見通して，第 5 学年における調理の学習から意識できるようにしている。これまでの実践を振り返り，材料を無駄なく使うなど，環境に配慮した調理の必要性に気付き，おいしく調理する工夫と環境への配慮を結び付けて調理計画を工夫したり，友達と評価し合ったりして，実践に結び付けることがポイントとなる。

また，環境とおいしさの視点を広げ重ねることで「生活の豊かさ」や「生活文化」につなげることができる。

### (2) ICT の活用

調理実習の様子を写真や動画で振り返ることは，客観的に自分を見つめたり，考えたりすることができ，有効である。また，実践したことを家庭や地域に発信する際に，タブレット端末を使って画像や動画を見てもらうことで，分かりやすく伝えることができる。

### (3) 家庭・地域との連携

環境に配慮した調理の仕方や後片付けについては，学んだことを知識としてとどめることなく，家族の一員として設定する場を家庭と連携して繰り返し実践することで，確実に身に付けることができるようにしている。また，学んだことを授業参観で発表したり，お便りを回覧して地域に発信できるようにしている。

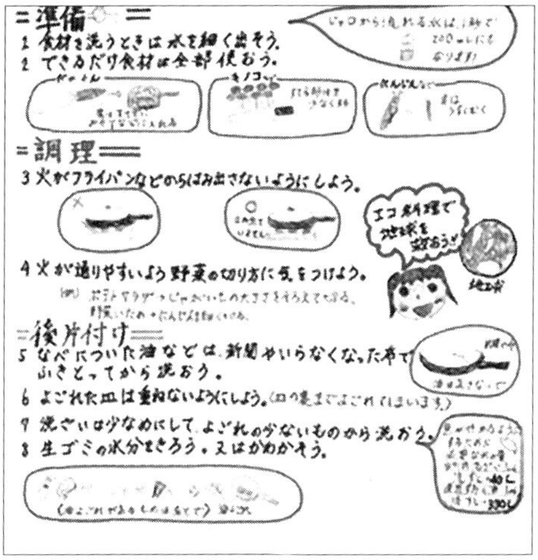

地域に発信したチラシの一部

### (4) 他教科等との関連

本題材で学んだ，環境にやさしい調理の仕方や後片付けの方法については，総合的な学習の時間と関連を図ってまとめ，保護者や地域の人に発信している。

## 本題材で使用したワークシートや資料

### 計画・実践記録表の一部

料理名【　　　　】　名前（　　　　）

| 材料 | 分量（2人分） |
|---|---|
| | |
| | |
| | |
| | |

もりつけ図

振り返り　態③

| | 調理手順 | 「環境」「おいしさ」のポイント | 友達からの評価 ◎よくできた ○できた △もう少し |
|---|---|---|---|
| 準備 調理 | 知・技①② | 思② | 思③ |
| 後片付け | | | 態② |

※〔2〕2～5時間目，〔3〕1・2時間目で使用

〈中田 梨恵〉

## 参考文献


■小学校学習指導要領（平成 29 年告示）解説　家庭編（文部科学省，平成 29 年 7 月）

■初等教育資料

・平成 28 年 12 月号「家庭科において育成を目指す資質・能力」p.32 ～ 41

・平成 29 年 6 月号「学習指導要領改訂のポイント　家庭科」p.50 ～ 61

・平成 29 年 12 月号「家庭科における主体的・対話的で深い学びの実現に向けた授業改善」p.8 ～ 13

・平成 30 年 4 月号「新学習指導要領の全面実施に向けて　家庭科」p.34 ～ 37

・平成 30 年 7 月号「家庭科における資質・能力の育成に向けた授業づくり」p.8 ～ 13

・平成 30 年 9 月号　内容「A 家族・家庭生活」における改訂のポイントと授業づくり」p.54 ～ 57

・令和元年 6 月号「特別企画」学習評価及び指導要録の改善　「家庭科における学習評価の改善のポイント」p.83 ～ 85

・令和元年 9 月号「見方・考え方とは何か」p.2 ～ 5

・令和元年 9 月号「家庭科における『見方・考え方』を働かせて資質・能力を育成する授業」p.34 ～ 37

・令和 2 年 1 月号「新学習指導要領の下での学習評価の考え方と評価方法等の工夫改善」p.2 ～ 4

・令和 2 年 2 月号「家庭科における学習評価の改善と指導の充実」p.38 ～ 44

■「指導と評価の一体化」のための学習評価に関する参考資料　小学校　家庭（国立教育政策研究所教育課程研究センター，令和 2 年 3 月）

■［平成 29 年版］小学校　新学習指導要領ポイント総整理　家庭（鈴木明子編著，東洋館出版社，平成 29 年 10 月）p.40 ～ 61

## 執筆者一覧


**[編著者]**

### 筒井 恭子（つつい・きょうこ）

前文部科学省初等中等教育局教育課程課教科調査官，国立教育政策研究所教育課程研究センター研究開発部教育課程調査官。石川県出身。石川県内の公立中学校・高等学校教諭，石川県教育委員会小松教育事務所指導主事，公立小学校教頭を経て，平成 21 年 4 月から平成 31 年 3 月まで文部科学省勤務。平成 29 年小学校学習指導要領の改訂，小学校学習指導要領解説家庭編の編集に関わる。平成 31 年 4 月～令和 2 年 3 月，評価規準，評価方法等の工夫改善に関する調査研究協力者。

**[執筆者]**（執筆順，令和 2 年 7 月現在）

| | |
|---|---|
| 筒井　恭子 | 上掲 |
| 永田　晴子 | 大妻女子大学専任講師 |
| 大平　はな | 神奈川県　横浜市教育委員会事務局主任指導主事 |
| 藤井　純子 | 茨城県 水戸市立寿小学校教諭 |
| 竹上　優希 | 福岡県 福岡市立筥松小学校教諭 |
| 為國たまみ | 神奈川県 横浜市立平安小学校教諭 |
| 長門　里香 | 秋田県 秋田市立豊岩小学校校長 |
| 吉田みゆき | 埼玉県 新座市立陣屋小学校教諭 |
| 玉置　智子 | 神奈川県 横浜市立さちが丘小学校主幹教諭 |
| 福井　博美 | 京都府 京都市立高倉小学校教諭 |
| 小笠原由紀 | 横浜国立大学教育学部附属横浜小学校教諭 |
| 出口　芳子 | 東京都 大田区立松仙小学校指導教諭 |
| 水沢文芳子 | 神奈川県 横浜市立二つ橋小学校主幹教諭 |
| 髙橋容史子 | 埼玉県 さいたま市立大東小学校教諭 |
| 山宮　玲子 | 新潟県 三条市立一ノ木戸小学校教諭 |
| 池田　美貴 | 富山大学人間発達科学部附属小学校教諭 |
| 中田　梨恵 | 石川県 小松市立第一小学校教頭 |

小学校家庭科
資質・能力を育む学習指導と評価の工夫

2020（令和2）年10月14日　初版第1刷発行
2021（令和3）年 9 月 1 日　初版第2刷発行

編著者　筒井　恭子
発行者　錦織　圭之介
発行所　株式会社東洋館出版社
〒113-0021
東京都文京区本駒込5丁目16番7号
営業部　電話03-3823-9206　FAX03-3823-9208
編集部　電話03-3823-9207　FAX03-3823-9209
振　替　00180-7-96823
URL　https://www.toyokan.co.jp

印刷・製本：藤原印刷株式会社
装丁・本文デザイン：中濱　健治

ISBN978-4-491-04114-8
Printed in Japan